HEYNE ‹

W0181325

Laura Gehlhaar, geboren 1983 in Düsseldorf, sitzt seit ihrem 22. Lebensjahr im Rollstuhl. Sie hat Sozialpädagogik in Holland und Berlin studiert und arbeitet heute als Akivistin, Autorin und Redakteurin. In ihrem Blog »Frau Gehlhaar« beschreibt sie ihre Alltagserfahrungen auf vier Rädern und wurde mit ihrem Rollstuhlfahrer-Bullshit-Bingo zu einem Star im Internet.

LAURA GEHLHAAR

mit Veronika Vattrodt

Kann man da noch was machen?

Geschichten
aus dem Alltag einer
Rollstuhlfahrerin

WILHELM HEYNE VERLAG
MÜNCHEN

Verlagsgruppe Random House FSC® N001967

2. Auflage
Originalausgabe 10/2016

Copyright © 2016 by Wilhelm Heyne Verlag,
in der Verlagsgruppe Random House GmbH,
Neumarkter Str. 28, 81673 München
Der Wilhelm Heyne Verlag, München, ist ein Verlag
in der Verlagsgruppe Random House GmbH
Printed in Germany
Umschlaggestaltung: Eisele Grafik Design, München
Umschlagfoto: Andi Weiland
Satz: Buch-Werkstatt GmbH, Bad Aibling
Druck und Bindung: GGP Media GmbH, Pößneck
ISBN: 978-3-453-60367-7

www.heyne.de

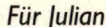

Für Julian

Inhalt

Vorwort

Ich habe Laura vor etwas mehr als einem Jahr kennengelernt. Damals war eigentlich erst mal nur wichtig, ob sie Hummus mag und Zimt im Haus hat.

Die Tatsache, dass ich heute immer noch für sie koche, hat nichts mit ihrem Rollstuhl zu tun. Der hat mich eigentlich nie besonders interessiert. Im Gegenteil, viel interessanter finde ich die Unterschiede, die auftauchen, wenn ich alleine oder gemeinsam mit Laura unterwegs bin.

Ich frage mich oft, warum wir angeglotzt werden, wenn wir zusammen draußen rumlaufen, einkaufen, ausgehen oder U-Bahn fahren, also eigentlich ganz normale Dinge tun. Oder warum Menschen plötzlich viel zuvorkommender bis überfreundlich sind, wenn Laura dabei ist. Oder warum wir sehr oft feststellen müssen, dass viele Orte nicht dafür gemacht sind, dass wir sie gemeinsam betreten können. Mit Laura selbst hat das nicht viel zu tun, wohl aber mit dem Rollstuhl, den wir meistens dabeihaben.

Der stellt erstaunlich oft eine Barriere dar. Gar nicht unbedingt für Laura, aber immer wieder für die Menschen um uns herum. Viele benehmen sich plötzlich völlig anders, als wenn kein Rollstuhl in der Nähe ist.

Der Typ im Supermarkt, dem seine Anteilnahme ins Gesicht geschrieben ist, weil er Lauras Leben für unglaublich schwer und kompliziert hält. Der Busfahrer, dem man ansieht, wie genervt er ist, wegen des Rollstuhls die Rampe ausklappen zu müssen. Die beleidigte Passantin, die sich ärgert, weil ihre ungefragt angebotene Hilfe nicht benötigt wird. Die Radfahrerin, die vor lauter Glotzen nicht mehr geradeaus schauen kann und direkt auf einen Laternenpfahl zusteuert. Wenn ich über solche Situationen nicht so sehr lachen müsste, würde ich den Leuten gerne sagen: »Laura ist behindert. Mehr nicht.«

Ihre Behinderung ist für viele Menschen ungewohnt, außergewöhnlich, vielleicht ist sie ihnen sogar unangenehm. Bestimmt ist sie auch ein Grund dafür, dieses Buch zu kaufen. Aber sie definiert nicht die Geschichten, die darin erzählt werden. Laura ist sehr normal. Und es wäre sehr cool, wenn andere auch etwas normaler sein könnten im Umgang mit ihrer Behinderung. Da kann man noch was machen.

Der Mann

Wasserkästen

Ich musste hier weg. Weg von meinen Eltern, raus aus meinem Kinderzimmer und rein in den Strudel, der mich irgendwann einmal zu der Frau machen würde, die ich werden wollte. Selbstbewusst, selbstbestimmt, frei von wohlmeinenden Ratschlägen und dem beschützenden Dach meines Elternhauses.

Also stellte ich meine Eltern vor vollendete Tatsachen – ich würde ausziehen. Das zu akzeptieren war, besonders für meine Mutter, verdammt schwer. Und auch mein Stiefpapa hatte Bedenken: »Wie willst du einkaufen gehen und dir einen Kasten Wasser nach Hause tragen?«

Das fragte ich mich damals auch. Genauso wie ich mir den Kopf darüber zerbrach, wie ich *überhaupt* Lebensmittel aus dem Supermarkt zu mir nach Hause bekommen sollte. Oder wie ich alleine meine schmutzige Wäsche zum Waschsalon transportieren könnte. Aber keine Lösung für solche existentiellen Dinge zu finden, war für mich keine Option. Meine Mutter musste ordentlich schlucken, als ich ihr mitteilte, dass ich, ihr ältestes Kind, jetzt übrigens einen Studienplatz im Ausland hatte und dass ich schon nächsten Monat ausziehen würde. Für immer. Wenn sich das älteste Kind ins eigene Leben aufmacht, dann ist das für jede Mutter schlimm. Und wenn dann noch Ängste und Sorgen aufgrund einer Behinderung hinzukommen, macht es das Loslassen nicht gerade einfacher.

»Mit spätestens Anfang 30 wird Laura im Rollstuhl sitzen«, eröffnete uns der Arzt und sah abwechselnd von meiner Mutter zu meinem Vater. Ich war zehn Jahre alt und wusste nicht viel mit seiner Aussage anzufangen. Ich wusste nicht wie es ist, im Rollstuhl zu sitzen, und hatte nicht die geringste Vorstellung von einem Leben im Rollstuhl. Aber es musste schlimm sein, denn meine Mutter weinte und ich war sauer auf den Arzt, weil er sie so traurig gemacht hatte. Ich konnte mir nicht vorstellen, was es genau für mich bedeuten sollte, wenn bestimmte Muskeln in meinem Körper schwächer werden würden. Aber auf einmal ergab vieles für mich einen Sinn. Ich berührte die Narbe an meinem Kinn. Letzte Woche war ich beim Skateboardfahren gestürzt. Ich stürzte öfter mal beim Skateboardfahren. Genauso oft wie meine Freunde es auch taten. Aber letzte Woche war es anders.

Leicht in der Hocke gebeugt, fuhr ich einen langen Abhang hinunter. Es war ein Rennen zwischen meinem Klassenkameraden und mir. Der Wind fegte uns um die Ohren und ließ den Zahnspangen-Bogen auf meinen Schneidezähnen trocknen. Wir grölten und beschimpften uns freundschaftlich, wenn der eine den anderen zu überholen drohte. Mit dem rechten Arm versuchte ich, mein Gleichgewicht zu halten, während ich mit der linken Hand das Käppi auf meinem Kopf festdrückte, damit es nicht wegflog. Die Schnürsenkel meiner knallroten Converse-Sneaker waren offen. Furchtlos und ohne ein Bewusstsein für Gefahr gab ich alles.

Der Abhang und das Rennen neigten sich dem Ende zu. Ich duckte mich noch ein Stück tiefer, um den Windwiderstand so gering wie möglich zu halten und um nicht an Geschwindigkeit zu verlieren. Nicht auf den letzten Metern. Ich musste gewinnen! Ich überholte meinen Klassenkameraden, wollte schon jubeln, aber dann passierte es: Ich kam einfach nicht mehr aus der Hocke hoch. Meine Knie sackten zusammen, ich verlor die Kontrolle über mein Skateboard und schlug mit Kinn und Oberkörper auf den harten Asphalt auf. Blut tropfte wie aus einem Wasserhahn von meinem Kinn auf den Boden. Ich war zutiefst enttäuscht. Ich hatte verloren und wusste nicht warum.

Jetzt verstand ich es.

Beim Ballett konnte ich den besten Spagat von allen, wurde aber am schnellsten müde. Während alle anderen ihre neun Pirouetten hintereinander drehten, gab ich nach der sechsten auf. Meine Beine machten nicht mehr mit.

Jedes Mal feuerten mich meine Klassenkameraden an, wenn ich im Sportunterricht über den Bock springen musste. Sie feuerten mich an, weil sie merkten, wie viel Kraft es mich kostete, Anlauf zu nehmen, aufs Sprungbrett zu hüpfen und mit Schwung über den Bock zu springen. Die letzten Wochen hatte ich es, trotz aller Anstrengung, nicht mehr geschafft.

Jetzt wusste ich warum.

Ganz ehrlich: Der Gedanke an ein Leben im Rollstuhl kam mir vor meiner Diagnose zunächst nicht sonderlich schlimm vor. Ich war schon als Kind neugierig und fragte mich als kleines Mädchen oft, wie sich jemand, der blind ist, eigentlich Wasser in ein Glas gießt, ohne alles zu verschütten. Aber dass das jetzt besonders schlimm oder hart ist, wenn man nichts sehen oder nicht laufen kann, das habe ich komischerweise nie gedacht. Derjenige, der einen Finger an ein Glas setzt, um abzuschätzen, wo er das Wasser einzugießen hat, wird schon wissen, was er tut. Genauso wie es für mich immer schon normal war, mein Glas Wasser mit beiden Händen zu halten, weil keine von ihnen allein stark genug dafür war. Mir wurde beigebracht, kein übertriebenes Mitgefühl und keine Angst vor Behinderung und Krankheit zu haben.

Aber von dem Tag an, als mir der Arzt in fetten Druckbuchstaben die Diagnose »Muskelerkrankung« auf meine Stirn stempelte, wurde mir auf einmal selbst ein zweifelhaftes Mitgefühl zuteil, das ich ums Verrecken nicht haben wollte. Es kam mir vor, als ob etwas in mir gestorben sei und mir deswegen jetzt jeder sein Beileid aussprach. Es wurde ein Urteil über mich verhängt, das von nun an ungefragt galt und meine Fähigkeiten und Talente in den Schatten stellte. Ich war das kleine, blonde Mädchen, dem ein schweres Schicksal vorherbestimmt war: ein Leben im Rollstuhl.

Von nun an schaute man unangenehm berührt, wenn ich erzählte, dass ich Schauspielerin werden wollte. »Und wie stellst du dir das vor? Schauspieler müssen auch eine Tanzausbildung machen«, sagte mir meine Mutter.

»Dann lass' ich das Tanzen eben weg!«, antwortete ich selbstbewusst, beinah trotzig. Auf die Idee, dass man auch im Rollstuhl sitzend tanzen kann, ist damals niemand gekommen.

Das Verhalten der Ärzte und die sorgenvollen Blicke der Leute machten es mir unendlich schwer, nicht in die Beileidsbekundungen mit einzustimmen und in meiner Behinderung nicht etwas Beängstigendes zu sehen. Ich fing an, so gut es ging, meine Behinderung zu verstecken.

Ich trug weite Pullover, unter denen mein Hohlkreuz weniger auffiel. Ich kam extra zu spät zum Unterricht, damit niemand sehen konnte, wie ich mich die Treppen zum Klassenzimmer hochschleppte. Ich war unendlich bemüht, meine Behinderung unsichtbar zu machen, sie nicht zum Thema werden zu lassen und somit keine Angriffsfläche für Mitleid und Bedauern zu bieten. Ich hielt sie verborgen, als ob meine Behinderung eine Seuche wäre, die es vor allen anderen zu verheimlichen galt. Ich fühlte mich schuldig und schämte mich für sie. Ich dachte, wenn ich so normal wie alle nichtbehinderten Menschen behandelt werden will, dann darf ich eben auch nicht behindert sein und keine Extrawürste haben wollen.

Aber die Nichtbehinderte zu spielen war gar nicht so einfach. Ich versuchte unentwegt all die Dinge zu tun, die meine Klassenkameraden und Freunde auch taten. Stundenlang war ich auf Shoppingtour oder rackerte mich ab, um im Sportunterricht Höchstleistungen zu erbringen. Das alles mit zusammengebissenen Zähnen und Schweißperlen auf der Stirn. Ausreden, wie: »Da hab' ich leider keine Zeit!«, oder »Da hab' ich keine Lust zu«, bedeuteten eigentlich: »Das kann ich nicht«, oder »Das ist mir zu anstrengend«.

Viele Lebensjahre lang quälte ich mich mit diesem völlig überhöhten Anspruch an mich selbst und lief bzw. humpelte weiter auf meinen zwei Beinen durchs Leben. Dieser Kampf, den ich glaubte führen zu müssen, war unendlich kräftezehrend, und einen Sieg zu erringen war aussichtslos.

Mit neunzehn Jahren fiel mir das Laufen immer schwerer. Nach zwei Kilometern Fußweg rann mir der Schweiß den Rücken herunter. Meine Knie sackten immer öfter ein und mein Rücken begann, entsetzlich wehzutun. Während meine Freunde in der Stadt die neuesten Klamotten im Schaufenster begutachteten, galt meine ganze Aufmerksamkeit der Suche nach einer Sitzmöglichkeit, um meinen Rücken und meine Beine zu entlasten. Mein Auto wurde zum unverzichtbaren Begleiter, während mein Fahrrad in der Garage verstaubte. Mit dem Auto fühlte ich mich frei und selbstbestimmt, während ich zu Fuß nur noch mühsam vorankam. Aber weil mir die Welt da draußen noch immer vermittelte, dass ein Leben im Rollstuhl etwas ganz Furchtbares sei, zögerte ich die Entscheidung für einen Rollstuhl drei weitere Jahre heraus. In diesen drei Jahren verzichtete ich auf vieles. Dinge wie Abschlussfahrten, Grillabende am Rhein oder Einkaufsbummel mit Freunden ließ ich immer öfter sausen. Zu lange Wege, zu anstrengend. Der Verzicht drohte, mich einsam zu machen.

In der zwölften Klasse, als meine Noten ihren Tiefpunkt erreichten und wieder einmal meine Versetzung gefährdet war, beschloss ich, Psychologie zu studieren. Eins der Studienfächer, für die der Numerus Clausus für eine Zulassung im Einser-Bereich liegen musste. Diese Tatsache ignorierend, vereinbarte ich hochmotiviert einen Termin zur Berufsberatung bei der Agentur für Arbeit, damals noch Arbeitsamt, und saß wenig später einem Mann mit norwegischem Pullover und außergewöhnlich vielen Muttermalen im Gesicht gegenüber.

Mein erster Satz war: »Hallo, ich bin Laura Gehlhaar, ich bin in der zwölften Klasse und ich möchte nach dem Abi Psychologie oder Sozialpädagogik studieren.«

Sein erster Satz war: »Da haben Sie sich ja was Nettes ausgesucht.« Er lehnte sich entspannt in seinen Sessel zurück und fummelte an einem Kugelschreiber herum, den er wie eine rote Trennlinie zwischen uns auf dem Tisch platzierte, die Ellbogen dabei auf die Armlehne seines Stuhles gestützt. Sein Gesicht beugte sich etwas weiter nach vorne und seine stechenden Augen musterten mich kritisch. »Aber haben Sie sich schon mal gefragt, wie Sie anderen Menschen helfen wollen, wenn Sie ganz offensichtlich selber Hilfe brauchen?«

Das saß. Seine Worte trafen mich wie ein Schlag mit einem nassen Lappen, voll in die Fresse. Eine verbale Ohrfeige, die meine Vorfreude und meinen Enthusiasmus im Keim erstickte. Wie konnte mir jemand, der mich noch nie zuvor gesehen hatte und nichts von meinem Leben wusste, in einem einzigen Moment meine Träume, Talente und Fähigkeiten absprechen? Saß ich hier denn nicht bei einer Berufsberatung, wo man Menschen helfen wollte, ihren Weg zu gehen?

Es war nicht die erste Ohrfeige, die ich aufgrund meiner Behinderung bekam, aber definitiv die härteste, die ich bis dahin wegstecken musste. Mein Herz zitterte und meine Stimme auch, als ich nach irgendwelchem Info-Material fragte, um dann schleunigst aus dem Zimmer zu kommen, bevor ich mir die Blöße geben und vor dem Typen in Tränen ausbrechen würde. Stumm schob er mir einen Flyer mit den Kontaktdaten zur Eingliederungshilfe und Berufsberatung für Behinderte über den Tisch und ich fragte mich, warum ich irgendwo eingegliedert werden sollte, wo ich doch gar nicht hinwollte. Ich verließ Zimmer 5.67 mit den Prospekten und Heften unterm Arm und heulte mir auf dem Weg zum Parkplatz die Augen aus. Ich fühlte mich unverstanden und ausgebremst. Zurück in meinem Auto heulte ich weiter. Und dann endlich wurde ich wütend. Ich wurde so wütend, dass es wehtat, und im nächsten Moment entlud sich mein ganzer Schmerz und Hass gegen diesen beschränkten Mann in einem lauten Schrei. Ich krallte meine Hände ins Lenkrad und schrie aus voller Kehle und heulte und schrie – so lange bis aus dem ganzen Geschrei und Geheule die Worte »Jetzt erst recht!« wurden. »Jetzt erst recht!!«, brüllte ich und wischte mir die Tränen aus dem Gesicht und den Rotz von der Nase.

Viel lauter hätte der Startschuss in Richtung Erwachsenwerden nicht sein können.

Ich bin so froh, dass ich aus tiefster Seele schreien kann. Das können die wenigsten Menschen. Schon gar nicht, wenn es um ihr eigenes Leid oder ihre eigene Wut geht. Und ich bin froh, dass mich das Universum manchmal zu komischen Menschen schickt. Sie gehören in die Benzinmischung, die meinen Motor zu Höchstleistungen antreibt. Die Natur hat es gut gemeint mit mir und mich zu einer Frau gemacht, die immer dann am lautesten wird, wenn alle um sie herum versuchen, sie leise zu machen.

In meinem Auto auf diesem Parkplatz sitzend, kapierte ich: Die einzige Möglichkeit, um ein entspannteres Verhältnis zu mir und meinem Körper zu bekommen, war, ihn endlich mit seiner Behinderung anzunehmen. Die Menschen um mich herum und ihre Sicht auf mich konnte ich nicht ändern, aber ich konnte lernen, zu mir und zu meinem Körper zu stehen und dadurch weniger angreifbar zu werden. Es war Zeit, mich endlich mit dem Gedanken an ein Leben im Rollstuhl anzufreunden.

Es geschah während eines Praktikums im Kindergarten. Ein Praktikum, das mich auf mein Studium der Sozialpädagogik vorbereiten sollte. Verpflichtend und mit abschließender Note. Zunächst hätte ich mir Schöneres vorstellen können, als jeden Tag auf kleine, verrotzte Kinder aufzupassen. Aber ich fand schnell meinen Frieden damit, jeden Tag Babys auf dem Arm vor meiner Brust zu tragen, den älteren Kindern vorzulesen oder St.Martins-Laternen zu basteln. Wochenlang setzte ich mich auf die kleinen Kindergartenstühle, stand mit Mühe wieder auf und setzte mich wieder hin. Unzählige Male am Tag. Auch mal mit Kind auf dem Arm. Es wurde Frühling und das Praktikum war fast zu Ende.

In einer langen Reihe standen die Kinder vor mir und warteten darauf, dass ich ihnen in ihre Jacken und Mäntel half. Das hatte ich ihnen so beigebracht, denn so war es für mich am einfachsten. Eins der Kinder war mein jüngster Bruder, Richard. Es war sein letztes Jahr im Kindergarten. Ich beobachtete, wie er Jacke und Gummistiefel anzog, warf ihm einen Luftkuss zu und steckte dem letzten Kind den Arm in den Mantel.

»Seid nett!«, rief ich der Meute hinterher und sammelte, immer noch sitzend, die bunten Plastikbecher und Teller vom Mittagstisch zusammen. Mit Schwung erhob ich mich von meinem Kinderstuhl, nur um sofort wieder zusammenzubrechen. Klappernd landeten die Teller auf dem Boden und die Becher rollten unter den Tisch. Ein erstickter Laut entwich meiner Kehle. Ein greller, stechender Schmerz wie von einem elektrischen Stromschlag raste meine Wirbelsäule hinunter bis in mein rechtes Bein. Mir wurde schlecht, Tränen liefen mir übers Gesicht, ich schwitzte. Dieses Gefühl, als wenn einem jemand ein Messer in den Rücken rammt, hieß in meinem Fall Bandscheibenvorfall. Die üble Sorte.

Die nächsten Monate lag ich viel. Das Laufen funktionierte jetzt gar nicht mehr. Wenn ich versuchte aufzustehen, klappte mein rechtes Bein weg, mein Rücken begann zu schmerzen und ich fing an zu heulen. Das Leben im Rollstuhl klopfte nun so hart gegen meinen Schädel, dass es wehtat.

Ich erinnere mich noch gut, wie man mir den Rollstuhl das erste Mal vor die Nase schob und sagte: »Dann mal reingehüpft!«

Mir war so gar nicht nach Hüpfen zumute. Ich sah meine Lieblingstante an, die mir liebevoll zunickte. Und dann plumpste ich hinein. Bequem war er schon, aber ungewohnt schwer und die Greifreifen ganz kalt. Da klebte ein Fremdkörper unter meinem Hintern und ich hatte Hemmungen, ihn mit meinen Händen anzufassen. Ich fühlte mich schwach und unsicher. Es war einfach nur peinlich.

Es dauerte ein paar Tage, bis ich mich im Rollstuhl traute, alleine kleine Strecken im Haus zurückzulegen und noch mehr Tage, bis ich mich raus in die Öffentlichkeit wagte. Es war vor allem der natürliche und lockere Umgang von meinen Freunden und meiner Familie, der mir gar keine andere Möglichkeit gab, als ebenfalls immer selbstverständlicher mit meiner neuen Situation umzugehen. Ich lernte schnell, die vielen Vorteile, die ich durch den Rollstuhl hatte, zu nutzen und begriff, dass die sitzende Fortbewegung meinem Körper und meiner Seele guttat. Ich hetzte nicht mehr von einem Ort zum anderen, um schnell wieder meinen Rücken vom Gehen zu entlasten. Ich suchte nicht mehr verzweifelt nach Bänken in der Stadt, wenn ich mit Freunden unterwegs war. Ich konnte endlich entspannen und den Moment genießen.

Meine eigene Erleichterung stand in krassem Gegensatz zu dem, was mir einige Menschen in meinem Umfeld noch immer spiegelten. Betroffene Blicke von Nachbarn, der Kassiererin im Supermarkt oder dem Postboten. Sie alle sahen in mir eine bedürftige, junge Frau, die nie mehr würde laufen können.

In mir regte sich Unmut. Ich hatte keinen Bock mehr darauf. Es wurde höchste Zeit, hier wegzukommen und einen Neuanfang zu wagen. Irgendwo, wo man mich nur in meinem Rollstuhl sitzend kennen würde, ohne zu wissen, dass ich noch vor ein paar Jahren rennend und springend auf den Straßen unterwegs war. Ich ganz alleine. Mit Teddy unterm Arm und Rollstuhl unterm Arsch. Raus aus der Rolle der abhängigen Behinderten, die eine Ausbildung zur Bürokauffrau macht und schön brav bei ihren Eltern wohnen bleibt. In dieser Rolle würde ich mich nie finden können. Der Gedanke, für immer in Düsseldorf bleiben zu müssen, schnürte mir die Kehle zu. Ich wollte noch mehr für mich.

Ich liebte es schon immer, mich ins kalte Wasser zu schmeißen. Ich habe einen großen Drang, alles auszuprobieren und meine Grenzen auszutesten. Das Credo meiner Eltern war: »Probier alles aus – du wirst schon wissen, was gut für dich ist!« Dadurch lernte ich schon als Kind, bei Entscheidungen auf meinen Bauch zu hören. Jetzt wollte ich also studieren. Weit weg von zu Hause. Ich würde eine neue Sprache lernen und in einer anderen Kultur leben. Im Ausland. Da, wo mich so schnell niemand finden würde. Ich wollte endlich raus aus Düsseldorf und rein in die große, weite Welt. Ich entschied mich für die Niederlande.

Mit meinem Auto fuhr ich nach Nijmegen, um mir am Tag der offenen Tür meine zukünftige Uni anzusehen. Ich hatte auch einen Termin für eine Besichtigung meines Studentenwohnheims vereinbart. Auf der zweistündigen Autofahrt rappte ich Jay-Z's »Blueprint-Album« hoch und runter und wischte mir meine schwitzigen Hände an der Hose ab. Ich war nervös. Würde der Studiengang Sozialpädagogik wirklich das Richtige für mich sein? Wie schnell könnte ich die Sprache lernen? Wie barrierefrei würde das Studentenwohnheim wirklich sein? Und wie zum Teufel bekäme ich einen Wasserkasten in mein Zimmer?!

Neun Zimmer gab es auf jedem Gang, vier Gänge pro Etage. Jeder Gang besaß eine Gemeinschaftsküche und zwei Toiletten. Es war dreckig und laut, mein Zimmer war klein und hatte in der Ecke eine Dusche und ein Waschbecken. Es war ekelhaft schmutzig, unendlich cool und mein erstes Zuhause ohne Eltern.

Nach nur einer Woche ließ ich den Weg zur versifften Toilette am Ende des Flures hinter mir und pinkelte in einen Becher in der Dusche. Mehrmals am Tag, vier Jahre lang. Ich kenne niemanden, die so gut und gezielt in einen Becher pinkeln kann wie ich. Vier Erasmus-Studenten aus China wohnten bei mir im Gang und nahmen täglich die Küche für ihre gemeinsamen Kochabende in Anspruch. Zum ersten Mal war ich mit meinem fahrbaren Untersatz im klaren Vorteil, denn für jeden Läufer auf zwei Beinen stellte der von Kochfett viellagig beschichtete Küchenboden eine ernsthafte Gefahr dar. Einer meiner Mitbewohner war erst kürzlich ausgerutscht und mit dem Gesicht voran gegen den überquellenden Mülleimer geknallt, woraufhin Tausende dort ansässiger Fruchtfliegen in einer schwarzen Wolke aufgestoben waren. In meinem Rollstuhl dagegen konnte ich mein gespültes Geschirr ohne große Rutschgefahr rüber in mein Zimmer holen. Vielleicht drehte mal ein Reifen durch, weil er durch die vielen Fettschichten auf dem Boden keinen Halt fand, aber das war nicht so schlimm.

Ebba wohnte eine Etage unter mir. Zum ersten Mal sah ich sie auf dem Parkplatz des »Ghettos«, wie unser Studentenwohnheim allgemein genannt wurde.

»An deiner Stelle würde ich das Auto immer so sichtbar wie möglich parken. Hier werden ständig Autos aufgeknackt«, sagte sie, als ich hinter den Müllcontainern hervorkam, wo ich gerade meinen kleinen Toyota Yaris geparkt hatte.

»So schlimm?«, fragte ich besorgt und sah mir diese junge Frau neugierig an. Ebba war groß, trug ein schwarzes Ramones-Shirt und zertrat mit ihren Flip-Flops das Ende ihrer weiten und viel zu langen

Jeans. Ich zählte vier Piercings in ihrem Gesicht. Sie war nicht hübsch, ging aber mit einer Leck-mich-am-Arsch-Attitüde äußerst gelassen damit um. Sie legte keinen Wert auf Make-Up und ihre kurzen braunen Haare waren wild zerzaust. Dunkelgrüne Augen durchbohrten jeden, den sie ansah. Sie faszinierte mich von Anfang an.

Mit Ebba drehte ich meinen ersten Joint, wir philosophierten stundenlang über das Leben im Allgemeinen und über Männer und Frauen im Speziellen und bekamen dabei unzählige Lachkrämpfe. Ebba war die allererste Freundin, die mich im Rollstuhl sitzend kennenlernte. Laufend hatte sie mich nie gesehen. Und das war gut so. Meine Unsicherheit, meine gefühlte Verletzbarkeit und die Schwäche, die ich im Rollstuhl gegenüber den Leuten empfand, die mich noch laufend kannten, waren hier in Holland mit Ebba und weit weg von zu Hause vergessen. Niemand hier fragte mich zutiefst erschrocken, was denn um Himmels willen passiert sei oder sah mich betroffen und mitleidig an, so nach dem Motto: »Oh je, jetzt ist es also so weit?!«

Ich war glücklich – genauso hatte ich mir den Start in ein neues Leben mit Rollstuhl vorgestellt. Ebba war einer der ersten Menschen, für die mein Rollstuhl und ich ein festes Team darstellten. Das Thema Behinderung wurde in einem entwaffnend einfachen Dialog geklärt, als Ebba bei einem gemeinsamen Pilze-Backabend ganz nebenbei fragte: »Sag mal, was hast du eigentlich?«

»Schwache Muskeln.«

»Ah. Okay.«

Ebba sprach über meine Behinderung wie über meine immer bunter werdenden Turnschuhe oder meine rot gefärbten Haare.

»Warum hast du deine Haare rot gefärbt?«

»Weil ich rot mag.«

»Ah. Okay.«

»Bist du kurz- oder weitsichtig?«

»Weitsichtig.«

»Ah. Okay.«

Ich saugte Ebbas natürlichen Umgang mit mir und meiner Behinderung jeden Tag mehr in mich auf und machte ihn mir zu eigen. Ebba wurde zu meinem Vorbild und machte mir vor, wie einfach es war, völlig selbstverständlich mit meinem behinderten Körper umzugehen.

Nach einem Monat im Ghetto hatte ich bereits drei Möglichkeiten entdeckt, mir Lebensmittel zu besorgen. Für Kleinigkeiten fuhr ich selbst in den Supermarkt. Großeinkäufe ließ ich mir liefern, darunter auch hin und wieder einen Wasserkasten. Mein Auto parkte ich seit der Bemerkung von Ebba immer am vorderen Rand des Parkplatzes. Da, wo kontinuierlich Leute vorbeigingen. Nur einmal in all den Jahren wurde die Scheibe meines Autos eingeschlagen. Am Abend unseres Kennenlernens kochten Ebba und ich das erste von vielen Malen zusammen. Von da an waren wir gemeinsam viel unterwegs, feierten nächtelang und lernten jede Menge neuer Leute kennen.

Diese Form von Studentenleben in all seiner Normalität hätte ich so niemals ohne meinen Rollstuhl erleben können. Ich begann, mich mit meiner Behinderung zu identifizieren, sie zum prägenden Teil meiner Persönlichkeit zu machen, sie immer und überall anzunehmen. Sie nicht mehr nur auszupacken, wenn ich beim Arzt saß, sondern sie in all meine Aktivitäten, die mein Leben ausmachten, ganz natürlich zu integrieren. Ich hörte auf, sie zu verstecken oder schön zu reden, und gab mir dadurch zum ersten Mal die Chance, sie nicht nur anzunehmen, sondern auch als Teil von mir zu mögen.

Mittlerweile lebe ich in Berlin – ein fast normales Leben, aber wer will schon normal?!

Ich mag den Menschen, den meine Behinderung aus mir gemacht hat. Ich bin meinem Körper nicht gram, dass er Bewegungen nicht nach Norm ausführen kann, sondern stolz, weil er andere Möglichkeiten gefunden hat, eben diese Bewegungen mit Tricks und Hilfen durchzuführen. Dafür, dass seine Kraft gering ist, leistet mein Körper gute Arbeit und ich habe gelernt, auf seine Zeichen zu hören.

Aber noch immer muss der Rollstuhl, ein Hilfsmittel, das Menschen wie mir überhaupt erst ein selbstbestimmtes und freies Leben ermöglicht, als gesellschaftliches Symbol des Schreckens herhalten. Er steht für Krankheit, Schmerz und Einschränkung. Alles Dinge, mit denen keiner etwas zu tun haben will. Floskeln, wie: »Sie ist an den Rollstuhl gefesselt«, oder »Er leidet unter seiner Behinderung«, begegnen mir fast täglich in den deutschen Medien. Sie nähren in unserer Gesellschaft das defizitäre Bild von Menschen mit

Behinderung und verstärken den Eindruck von Schwäche, Passivität und Abhängigkeit. Ein Bild, das längst nicht der Lebensrealität aller behinderten Menschen entspricht und schon gar nicht meiner eigenen. Das Gegenteil ist der Fall.

Mein Rollstuhl steht nicht für Einschränkung und Hilflosigkeit. Mein Rollstuhl steht für Freiheit und Mobilität. Mein Rollstuhl ermöglicht es mir, mich morgens von meinem Bett wegzubewegen, arbeiten und einkaufen zu gehen und abends wieder zu meinem Bett hinzukommen. Selbstständig. Ohne meinen Rollstuhl hätte ich nicht in die Niederlande zum Studieren gehen können, hätte auf stundenlange Einkaufsbummel in der Altstadt verzichten müssen und wäre niemals einen Berg, nur wenige Kilometer vom Ghetto entfernt, völlig bekifft heruntergerast, hätte mich niemals mehrfach überschlagen, mir niemals die Nase blutig gestoßen und hätte niemals mit Ebba den Lachkrampf meines Lebens gehabt, kurzum: Ohne diesen Stuhl könnte ich nicht das Leben führen, das mich glücklich und zu der Frau macht, die ich heute bin. Er ermöglicht es mir, meinen Weg zu gehen.

Das, was mich behindert und mein ganz eigenes Symbol des Schreckens ist, sind Stufen und Gesetze, die mich nicht so leben lassen wie Menschen, die keine Behinderung haben. Was mich limitiert sind öffentliche Orte, die mich systematisch ausschließen, weil sie nicht barrierefrei zugänglich sind. Es ist die tägliche Diskriminierung, die mich und meine Selbstständigkeit extrem einschränkt. Es liegt nicht an meinem Rollstuhl oder meiner Behinderung, dass ich mich oft hilflos oder ausgegrenzt fühle. Es liegt an der Gesellschaft und den sozialen Strukturen, die mich unselbstständig machen, mich in meiner Aktivität behindern.

Ich kann mir mich ohne Rollstuhl heute nicht mehr vorstellen. Er ist ein Körperteil von mir geworden. Mein aktueller Rollstuhl ist maßgeschneidert, er ist leicht und wendig, er steht mir – und er heißt Manfred. Es klingt romantisch und genau so ist es auch: Manfred schenkt mir seit dem ersten Tag unserer Beziehung die Freiheit, die ich brauche, um mich selbst zu finden und um mir die Welt zu erobern.

Ich denke heute noch oft an den voreingenommenen Mann beim Arbeitsamt. Daran, wie er über mich urteilte und mir meine Selbstbestimmtheit absprach. Und daran, was dieser Moment und all die anderen Momente, in denen Urteile über mich gefällt wurden, mit mir gemacht haben. Ich stehe nicht auf den ganzen pathetischen Mist und meide bewusst Floskeln, wie: »Meine Behinderung hat mich stark gemacht«.

Ich wünsche mir einfach nur, dass man mich sein lässt. Ich möchte akzeptiert werden, so wie ich bin, ohne dass ich mich für meinen behinderten Körper rechtfertigen oder gar schämen muss. Ich will selbstverständlich genommen werden.

Ich will von meinen Mitmenschen so angesehen werden wie Ebba es immer getan hat.

Kacke im Mund

Feta

2 Dosen schwarze Bohnen

Olivenöl

1 mittlere Zwiebel

Cheddar-Käse

1 große Poblano-Chilli (wtf?!)

3 Knoblauchzehen

1 Chipotle in Adobo

geröstete Cashews

Salz

Hamburgerbrötchen (Vollkorn! Vegan!)

Chipotle Mayo

Mit zusammengekniffenen Augen lese ich den Einkaufszettel durch. Was ist eine Poblano-Chilli?, frage ich mich entnervt. Von der Hälfte der Zutaten habe ich noch nie etwas gehört. Gestresst wische ich mir mit dem Handrücken über die feuchte Stirn. Sogar hier im Supermarkt ist es schwül. Es ist heiß, Hochsommer, auch in Berlin.

Egal, ich habe eine Aufgabe. Eher gesagt eine ätzende Pflicht, die ich aber knallhart durchziehen werde.

Gefälligst. Ich werde etwas tun, das ich abgrundtief hasse. Etwas, was ich schon einige Male probiert habe und was mich jedes Mal mit Brandwunden und Wutanfällen an den Rand der Verzweiflung gebracht hat.

Ich werde kochen. Black-Bean-Burger.

Für eine dieser Partys, wo jeder etwas Selbstgemachtes mitbringt. Mindestens vegetarisch, vegan bevorzugt. Normalerweise reiße ich sofort die Getränke an mich und verkünde laut, dass ich Wein mitbringe. Guten Wein, denn damit kenne ich mich aus. Dieses Mal war irgendein rücksichtsloser Vordrängler schneller als ich – der Wein war also vergeben. Somit wurde mir in der Facebook-Gruppe »Dinner for elf« höflich mitgeteilt, doch bitte Black-Bean-Burger zu machen. Unwillig las ich mir das Rezept im Internet durch und schrieb mir die Zutaten, die ich nicht zu Hause hatte, also alle, auf einen Zettel.

»Die armen Menschen«, bemerkte mein Stiefpapa am Telefon, als ich ihn nach Chipotle-Mayonnaise fragte. »Du kannst doch gerade mal eine Tomate von einer Banane unterscheiden!«

Damit hat er recht. Alles, was mit Essen zu tun hat, überfordert mich. Wenn ich gefragt werde, was ich heute gerne essen möchte, antworte ich mit Beschreibungen, wie: »Dieses Runde von letzter Woche«. Oder ich nenne Farben, wenn man mich fragt, was ich auf mein Brot geschmiert haben möchte. Pink steht für Rote-Bete-Aufstrich, Gold für Honig und Beige für Senf.

Mein Stiefpapa hat zwei Restaurants und ich bin mit dem besten Essen groß geworden. Doch während mein Bruder stundenlang mit seinem Vater in der Küche stehen mag, sich über Zutaten unterhält und interessiert zuhört, wenn ihm der Unterschied zwischen einem geschliffenen und einem gewetzten Messer erklärt wird, schalte ich automatisch ab. Herdplatten, auf denen Töpfe mit vor sich hin brodelnden Inhalten stehen, treiben mir den Angstschweiß auf die Stirn. Es sind mir immer zu viele und die unterschiedlichen Kochzeiten der Zutaten bekomme ich nicht unter einen Deckel.

Bei meinem ersten und bisher einzigen und mit Sicherheit letzten Mal, als ich auf drei Herdplatten gleichzeitig dampfende Töpfe jonglierte, fing ich an zu heulen. Erst aus Verzweiflung, dann aus Wut und zum Schluss war da nur noch fatalistische Resignation. Ich will mit Nahrungszubereitung, in welcher Art auch immer, nichts mehr zu tun haben.

Dabei bin ich überhaupt kein Kostverächter. Im Gegenteil – ich liebe gutes Essen. Besonders, wenn es fertig zubereitet vor mir auf einem schön angerichteten Teller liegt. Aber alles, was ich bisher versucht habe zu kochen, ist entweder verbrannt, zu Matsch vergart, in sich zusammengefallen, auseinandergebrochen oder explodiert. Um mir ein Leben mit gut gekochtem Essen dauerhaft zu gewährleisten, brauche ich also dringend einen Mann, der mich miternährt. Diese Hoffnung ist aber inzwischen so verkohlt wie mein letzter Gemüseauflauf vor fünf Jahren.

Dementsprechend werde ich es heute noch einmal mit dem Kochen versuchen müssen. Und dafür muss ich einkaufen. Das Zeug, das dann später das köstliche Gesamtkunstwerk ergeben wird. Irgendwie.

Ich steuere auf die Kindereinkaufswagen zu. Akkurat ineinandergeschoben und mit langen Stangen versehen, an denen bunte Fähnchen hängen, stehen sie am Fenster des Supermarktes bei mir im Kiez. Daneben sitzt ein kleiner, blonder Junge in Dumbo, dem fliegenden Elefanten, der aber in Wahrheit nur ein elektrisches Kinderspielzeug ist. Was dieser Junge aber wahrscheinlich nicht weiß, so andächtig wie er in ihm sitzt. Der Junge wird durch Dumbos hydraulische Bewegungen langsam nach vorne und dann nach hinten geschaukelt, vor – zurück, vor – zurück, bis das 50-Cent-Gewippe ein Ende hat. Seine Mutter steht neben ihm und tippt in ihr Handy. Ich schiebe mich an Dumbo vorbei und ziehe den ersten Kindereinkaufswagen aus der Reihe. »MAMIII!!!«, schreit da plötzlich der Knirps im blau-weiß-gestreiften Hemd alarmiert auf und zielt mit seinem kleinen, dicken Zeigefinger in meine Richtung. Neugierig drehe ich mich um. Ich will das sehen, was ihn vor Schreck fast vom Elefanten haut. Ein Mensch mit drei Köpfen? Ein Alien mit Tentakeln? Das hätte selbst mich jetzt beeindruckt. Aber anstatt hinter mir einen dreiköpfigen Außerirdischen mit Tentakeln am Arsch zu entdecken, stelle ich ernüchtert fest, dass sein hysterischer Ausruf einzig und allein mir gilt. Ich bin enttäuscht. Die Mutter des Jungen schaut aufgeschreckt von ihrem Handy hoch, folgt mit ihrem Blick dem Zeigefinger ihres Sprösslings, wendet ertappt ihre Augen von mir ab und stellt sich sofort verschämt zwischen mich und Dumbo, um jeglichen Blickkontakt unmöglich zu machen.

In diesem Moment weiß ich nicht, wer mich von den beiden mehr irritiert. Der, zugegeben, entsetzlich nervtötende Junge, der seine Mutter auf ein für ihn fremdartiges Wesen, nämlich mich im Rollstuhl, aufmerksam machen will. Aber ja nur, um sich rückzuversichern, ob er es hier mit Freund oder Feind zu tun hat. Oder aber die Mutter, der dieses durchaus nachvollziehbare Verhalten ihres Kindes einfach nur peinlich ist und die, anstatt die Situation für alle Beteiligten würdig aufzulösen, sie aufgrund ihrer eigenen Scham abrupt und für ihren Sohnemann äußerst unbefriedigend beendet, indem sie ihren Hintern zwischen ihn und mich schiebt. Als ob ich dadurch verschwinden würde.

Das erlebe ich oft, dass sich Eltern auf unterschiedlichste Art und Weise »in den Weg stellen«, um so das Erstaunen und das wissbegierige Nachfragen ihrer Kinder in Bezug auf behinderte Menschen möglichst schnell und im Keim zu ersticken. »Da guckt man nicht hin!«, wird dann geflüstert und dabei hektisch am Arm des Kindes gezogen.

Es stimmt, ich steh' nicht so auf Kinder. Kinder können gnadenlos gaffen, hemmungslos fragen und zielsicher in Wunden bohren. Es hat etwas gedauert, bis ich gelernt habe, mich dadurch nicht unwohl oder beleidigt zu fühlen und es manchen von ihnen zuzugestehen. Mittlerweile lasse ich es zu, dass mich die intelligenteren ihrer Spezies mit Fragen löchern. Weil ich verstanden habe, dass Kinder nur so zu verantwortungsvollen Menschen werden können, die Dinge hinterfragen lernen. Schade, dass so viele Eltern ihren Kindern diese Chance verwehren, nur weil sie selbst zu große Berührungsängste haben. So hab' ich diese Drecksarbeit alleine an der Hacke. Ich fange schon langsam an zu glauben, dass ich eine richtig gute Mutter wäre ...

An einem ganz normalen Tag hätte ich mich also zusammengerissen und für diesen kleinen, hysterischen Scheißer den Erklärbären gespielt. Ich wäre um den Hintern der Mutter herumgefahren, hätte den Blickkontakt zwischen Dumbo und mir wiederhergestellt und dem Jungen freundlich zugewinkt. Aber heute ist kein normaler Tag – ich muss kochen.

Also werfe ich meinen Rucksack in den Kindereinkaufswagen, lege meinen nackten Fuß auf den Handgriff und gebe mir gerade so viel Anstoß, dass ich, am Hintern der Mutter vorbei, einen noch immer fuchtelnden, blau-weiß-gestreiften Kinderarm sehe. Unbeeindruckt wende ich mich ab und steuere mit meinem Rollstuhl-Kindereinkaufswagen-Gefährt die Gemüsetheke an.

Ich versuche, mich von den unzähligen Gemüsesorten inspirieren zu lassen und dabei meine drohende Reizüberflutung zu unterdrücken. Drei Knoblauchzehen und eine Zwiebel landen in meinem Einkaufswagen. Zwischen Erbsen- und Ananaskonservendosen suche ich mit zusammengekniffenen Augen nach den schwarzen Bohnen. Da sind sie. War ja klar – im obersten Regal! Ich strecke meinen linken Arm nach oben, mache meinen Oberkörper so lang es geht und halte vor Anstrengung die Luft an. Meine Fingerspitzen berühren die Dose, doch während ich verzweifelt versuche, nach ihr zu greifen, schiebe ich sie mit jedem Versuch ein paar Zentimeter weiter nach hinten, bis sie für mich unerreichbar wird. Nach einem gepressten »Verdammt!« gebe ich auf. Aus dem Augenwinkel sehe ich, wie mich eine ältere Dame beobachtet. Sehr gut, denke ich verschwitzt. Gleich wird sie mir zu Hilfe kommen und ich kann endlich weiter zur Kühltheke. Aber nichts passiert und die Oma setzt unbeeindruckt ihren Einkauf fort.

»Soll ich dir einen runterholen?«, höre ich da plötzlich eine Stimme hinter mir. Ein Typ mit bunter Schwimmhose und weißem Shirt grinst mich an.

»Aber sicher!«, strahle ich erleichtert zurück. Inzwischen läuft mir der Schweiß zwischen den Schulterblättern die Wirbelsäule herunter und sammelt sich am Steißbein, wo er von meinem Hosenbund aufgesogen wird. Keine drei Sekunden später halte ich zwei Konservendosen mit schwarzen Bohnen in der Hand. Blaue Augen funkeln mich spitzbübisch an. Etwas atemlos lege ich die Bohnen in meinen Wagen und umfahre geschickt den hilfsbereiten Typen. Dabei kann ich mir ein Lächeln nicht verkneifen.

Einen Gang weiter halte ich an. Mir ist so scheiße heiß. Ich überfliege den mittlerweile völlig zerknitterten Einkaufszettel, überspringe die nächsten Punkte auf der Liste und fahre so schnell es geht zur Kühltheke, um mein kochendes Hirn auf Eis zu legen. Kalte Luft sucht sich ihren Weg durch Milch und Joghurt und zieht von unten über mein verschwitztes Dekolleté hoch in mein knallrotes Gesicht. Aufseufzend schließe ich meine Augen.

Dann spüre ich, wie jemand neben mir stehen bleibt. Einen weiteren Satz von diesem blonden Typen verträgt mein Kreislauf nicht, da bin ich sicher. Ich reiße mich zusammen, setze zu einem erneuten Lächeln an und öffne verführerisch meine Augen.

Vor mir steht nicht der Typ in Badehose – sondern der kleine Hosenscheißer! Ein dreckiges Lachen kommt aus seinem verschmierten Mund, in den er sich einen roten Lutscher steckt. Rein – raus. Rein – raus. Oh Mann, der hat mir gerade noch gefehlt! Und wo dieser blau-weiß gestreifte Nervbolzen ist, da wird auch der Hintern der Mama nicht weit sein …

Streng hebe ich eine Augenbraue und hoffe, dass er sich freiwillig verzieht, bevor ich Gewalt anwenden muss. Ich hab' noch tausend Lebensmittel einzukaufen, von denen ich bis vor ein paar Stunden nicht einmal wusste, dass sie existieren. Ich schwitze wie ein Schwein, selbst hier vor der Kühltheke kann ich fühlen, wie meine Hose an den Knien klebt. Und ich muss verdammt noch mal kochen. Ich hab' jetzt keine Zeit, anderer Leute Kinder das Leben zu erklären.

Der Junge steht noch immer abwartend vor mir. Seine Augen sind zwei schmale Schlitze, so hochkonzentriert beobachtet er mich. Nichts rührt sich an ihm, außer seine Patschehand, die mechanisch den Lolli in den Mund schiebt. Rein – raus. Rein – raus.

Na schön. Dann eben auf die harte Tour. Ich beuge mich zu ihm nach vorne, so, als ob ich ihm ein ganz besonderes Geheimnis verraten wolle. Kinder lieben Geheimnisse.

»Weißt du, was passiert, wenn man einen Lolli lutscht?«, frage ich ihn. Neugierig schüttelt der Junge den Kopf. »In deinem Mund sitzen kleine Männchen, die den Zucker in deinem Lolli noch viel lieber mögen als du. Je mehr Zucker die Männchen zu futtern bekommen, desto mehr müssen sie dann aber auch kacken, ist ja klar. Und die Kacke liegt dann überall in deinem Mund herum und zerfrisst deine Zähne. Deswegen sehen die dann auch ganz schwarz aus. Siehst du – dein linker Schneidezahn ist schon ganz verfault.«

Die Augen des Jungen weiten sich erschreckt. Seine kleinen Wurstfinger halten den Stiel des Lutschers noch immer fest umklammert, aber seine Unterlippe fängt heftig an zu zittern. Bevor ich sehen kann, ob er wirklich mit dem Heulen anfängt, dreht er sich blitzschnell um und rennt auf seine Mutter zu, die ins Handy tippend an der Fleischtheke steht.

Geht doch.

Normalerweise bin ich, wie gesagt, netter zu Kindern. Aber nicht heute. Seufzend schaue ich in meinen noch erschreckend leeren Wagen. Das kann noch Stunden dauern, bis ich den ganzen Krempel zusammen habe! Meine Laune sinkt ins Bodenlose. Wieso mache ich diesen ganzen Scheiß hier eigentlich?! Als ob ich sonst machen würde, was man mir sagt …

Kurzentschlossen wende ich mich und meinen Kindereinkaufswagen und fahre durch den Nudelgang Richtung Kasse. Ich werde einfach improvisieren, beschließe ich. Ich könnte zum Beispiel einen auf Behindert machen und den anderen erzählen, dass ich beim Kochen unfassbar starke Rückenschmerzen bekommen habe. Oder ich bringe einen garantiert besseren Wein mit als der Vordrängler. Ist mir gerade alles egal – Hauptsache, ich komme hier endlich raus!

Eine ältere Kassiererin mit grün gefärbten Haaren und roten, verschwitzten Wangen schiebt lustlos meine spärlichen Einkäufe über den Scanner. »Also, ich könnte bei der Hitze keinen Sport machen!«, teilt sie sich mit, als ich die durchgerutschten Lebensmittel mit feuchten Händen in meinen Rucksack packe. »Sport?! Ich fahre nur Rollstuhl«, erwidere ich verständnislos.

Die Kassiererin winkt, es besser wissend, ab: »Also, das wäre mir viel zu anstrengend!«

Draußen vor dem Laden klatscht mir die feucht-schwüle Luft der Berliner Innenstadt wie ein nasser Waschlappen ins Gesicht. Erleichtert, meiner ganz persönlichen Einkaufshölle entkommen zu sein, hebe ich das Gesicht dem dunstigen Himmel entgegen und genieße meine wiedergewonnene Freiheit. Kochen ist was für andere.

Und vielleicht wird heute doch noch ein wunderbar normaler Tag.

Sitzt dein Freund auch im Rollstuhl?

Silvester und ich – das ist wie eine Beziehung voller Enttäuschungen und Missverständnissen. Wir scheinen einfach nicht zusammenzupassen – so wie Grünkern-Frikadellen nichts mit Austern anzufangen wissen. Silvester ist eine an sich stinknormale Nacht, von der wir aber erwarten, dass sie spektakulär, unvergesslich und gerne auch romantisch zu werden hat. Wo feiert man? Mit wem verbringt man diese Nacht? Und was um Gottes willen zieht man nur an?! Silvester ist kein spontanes Ausgehen mit Freunden. Silvester wird akribisch geplant. Wochen vorher beginnt man, Ideen zu sammeln und sich ernsthaft Gedanken zu machen. Es soll schließlich diese eine besondere Nacht werden, in der man beschließt, von nun an alles anders zu machen. Mehr auf sich zu achten, gesünder zu leben, die kleinen Dinge mehr wertzuschätzen. In einer Silvesternacht zieht man das letzte Mal mit viel Genuss und Wehmut eine Zigarette aus dem Päckchen. Ab morgen lebt man schließlich gesund, die Unterlagen für den Vertrag im Fitnessstudio liegen schon zuhause auf dem Esstisch neben der noch unbenutzten Smoothie-Maschine. Die Oma wird auch wieder regelmäßig angerufen. Weniger

Arbeit, mehr Urlaub, mehr Zeit für sich selbst. Ab morgen wird alles anders.

Aber dann, ebenfalls jährlich wiederkehrend, verwandelt sich innerhalb weniger Tage die Motivation in Last. Dann macht die Arbeit erneut Stress, der Urlaub muss wieder warten und der Besuch bei der Oma auch. Beim Sport ist man immerhin gewesen. Einmal.

Ab November schaut man schließlich frustriert auf das Jahr zurück und fasst erneut und nichts dazulernend den Entschluss, alle schlechten Angewohnheiten in der Silvesternacht hinter sich zu lassen. Nächstes Jahr wird alles besser. Ganz sicher.

Ich kann mit diesem ganzen Erwartungsdruck nichts anfangen, aber ich bin auch noch nicht so weit, Silvester vollkommen zu ignorieren. Ich stecke irgendwo dazwischen fest. Mein Freund Ben scheint mein zwiegespaltenes Verhältnis zu Silvesternächten durchschaut zu haben, denn ich stehe ohne ihn mit meiner Freundin Sarah vor einem Altbau in Kreuzberg. Heute ist der 31.12. und ich werde mit Sarah auf eine Silvesterparty von unserer gemeinsamen Freundin Anna gehen. Sie wohnt im zweiten Stock.

Ben ist zu Hause geblieben. Mit zwei guten Freunden. Alle drei wollen diesen »kommerziellen Unsinn« nicht mitmachen. »Wenn ich etwas ändern möchte, dann tu ich es, wann immer ich es will. Dazu brauche ich keine Silvesternacht«, entgegnet mir Ben, als ich ihn vor den Weihnachtsferien frage, was er Silvester denn mache und ob wir gemeinsam feiern wollen.

»Wie hättest du es denn gerne?«, fragt mich Fabi, Annas Freund. Wir stehen im Hauseingang, neben mit Graffiti bemalten Briefkästen und weiß-grüner Kacheltapete.

»Tja, Fabi, wenn du mich so fragst: Von hinten, von vorne – such's dir aus!«

»Gut, dann nehm' ich dich Huckepack!« Ein Mann, ein Wort. Mit schnellem Schritt trägt Fabi mich nach oben. »Boah, bist du leicht!«, verkündet er beim Erreichen des zweiten Stockwerks, kein bisschen außer Puste. Ich mag Fabi. Oben angekommen, warten wir auf Fabis Kumpel, der hinter uns den Rollstuhl hochschleppt. Fabi lässt mich zurück in meinen Stuhl plumpsen und ich sauge noch einmal tief den Geruch von kaltem Zigarettenrauch aus seinem Pullover ein. Ich bin überzeugte Passivraucherin.

Alte hellbraune Holzdielen erstrecken sich über den langen Flur der Wohnung. Die Maserungen und Löcher lassen mich holprig über die Dielen rollen. Am Ende des Flures hängt ein eierschalenfarbenes Rennrad an der Wand, in der Küche hängt das gleiche Modell in olivgrün. Dreckige, hohe Decken mit weißem Stuck. Eine alte Kinositzbank mit dunkelroten, zerfetzten Bezügen lehnt im Flur. Es ist eine dieser Wohnungen, der man durch Flohmarkt-Möbel einen Hauch von Vintage zu verleihen sucht. Eine typische Berliner Studenten-WG in Kreuzberg. Ich quetsche mich durch den engen Flur vorbei an den anderen Partygästen und fahre einem Typen unsanft in die Hacken.

»Ah!«, stöhnt er und dreht sich wütend um. Für eine Sekunde verharrt sein vorwurfsvoller Blick suchend in der Leere über mir. Dann entdeckt er mich eine Etage tiefer auf Hüfthöhe. »Oh! Entschuldige!« Seine Augen werden groß, er lächelt verschämt und wird rot. Ich lache und meine Hand fuchtelt beschwichtigend vor ihm herum: »Du musst dich nicht dafür entschuldigen! Das war mein Feh…« – plötzlich springt eine blonde, junge Frau den Typen von der Seite an, legt ihren Arm um seinen Hals und drückt sein Gesicht zu sich herüber. Jetzt bin ich es, die große Augen bekommt. Sie scheint sehr aufgeregt zu sein, hüpft hoch und runter und quietscht: »Gleich ist es so weit! Gleich ist es so weit!« Ihre großen Brüste schwabbeln zwischen Zwerchfell und Kinn hin und her. Nachdenklich rolle ich in Richtung Küche. Würden meine Brüste auch so aussehen, wenn ich hüpfen könnte?, frage ich mich. Ich bewege meinen Oberkörper schnell auf und ab. »Tut sich da was? Wie sieht das aus?« Meine Freundin Sarah beobachtet meinen Versuch skeptisch. »Sieht scheiße aus«, stellt sie fest.

Irgendwann mal mochte ich Silvester. Als Kind war es die Nacht, in der ich lange aufbleiben durfte und Raketen hatten damals etwas sehr Aufregendes an sich. Silvester hatte noch etwas Magisches. Meine beste Grundschulfreundin Amber kam jedes Jahr zum Übernachten zu uns. Wir verkleideten uns mit den 80er-Jahre Tüll-Röcken meiner Mutter, trugen Lippenstift und hohe Schuhe und spielten Erwachsensein.

Seitdem geht es mit meinen Silvestererfahrungen stetig bergab. Die größten Erwartungen an das »gefälligst beste Silvester meines Lebens« hatte ich mit sechzehn Jahren. Es war Silvester 2000 und die Welt sollte untergehen. An diesem letzten Abend meines Lebens fuhr meine Mutter meine beste Freundin Lili und mich zu Stephans Eltern. Die hatten einen Partykeller mit eigener Bar und Ghettoblaster. Stilvoll würde es zu Ende gehen. Jeder sollte CDs mitbringen. Mit schwarzem Edding hatte ich groß meine Initialen »L.G.« auf meine »Bravo Hits'99« geschrieben und einen Zettel mit meiner Wunschsongliste hineingeklebt. Am Ende von Lou Begas »Mambo No.Five« würde ich mich dann so nah an Stephan herantanzen, dass ihm bei »How do I live without you« von LeAnn Rimes gar nichts anderes übrigbleiben würde, als mit mir in den romantischen Slow Dance überzugehen. Die Message vom Song sollte ihm endlich klarmachen, dass ich die einzig Richtige für ihn war.

»Du bist viel zu leicht angezogen! Ich pflege dich nicht, wenn du krank wirst!«, waren die letzten Worte meiner Mutter, als ich mit dünner Fleece-Jacke und kurzem schwarzen Kleid aus dem Jeep in den Schnee hüpfte. »Na und?!«, murmelte ich beleidigt und knallte mit Schwung die Autotür zu.

Es mag jetzt überraschend sein – aber mein Plan, mit Stephan zu tanzen und das beste Silvester ever zu haben, ging nicht auf. Meine CD ging verloren, ohne dass wir auch nur einen Song von ihr gehört hatten. Und das Schlimmste war: Die Welt drehte sich weiter. Schon damals hätte ich es ahnen können – Silvester und ich, das passt einfach nicht.

Meine Freundin Sarah grinst mich frech an und knufft mich aufmunternd in den Rücken. Dann zieht sie in Richtung Wohnzimmer ab, in dem schon wild getanzt wird. Ich bin noch nicht in Stimmung, versuche noch warm zu werden und rolle in die große Wohnküche. Langsam komme ich ins Gespräch mit anderen Partygästen, erzähle gefühlte 40-mal, wer ich bin, dass ich gerade in einer Werbeagentur als Texterin angefangen habe und ursprünglich aus Düsseldorf komme. »Ach, cool, aus Düsseldorf!«, meint Lucas, der Typ, der vorhin von der Blondine angesprungen worden war und der jetzt interessiert neben mir steht. Er ist 27 Jahre alt und Jurastudent. »Sag mal, kennst du zufällig den Henning Zamba? Der kommt auch aus Düsseldorf!«

»Ne, sagt mir leider nichts«, gebe ich zurück.

»Und wie bist du hier hochgekommen?«

»Der Gastgeber hat mich Huckepack genommen«, erzähle ich. »Ah, cool. Sag Bescheid, wenn du Hilfe beim Runterkommen brauchst!«

»Cool, mach ich, danke!« Vielleicht wird das hier ja doch noch was und meine Silvester-Pechsträhne hat tatsächlich ein Ende, denke ich, ermutigt durch die Freundlichkeit von Lucas.

Letztes Jahr Silvester hatte mir die Nettigkeit von drei anderen Menschen im wahrsten Sinne des Wortes das Leben gerettet.

Auf dem Weg zur Silvesterparty meiner besten Freundin blieb ich um kurz vor 00:00 Uhr im Schnee stecken. In einer Seitenstraße, Friedrichshain, Nordkiez, allein.

Ein Reifen steckte bis zur Hälfte im Schnee, das andere Rad drehte durch, ich auch. Es gab kein Vor und kein Zurück und kurz überlegte ich, ob ich mich auf den kalten, nassen Boden setzen, den Rollstuhl aus dem Loch ziehen und mich dann wieder hochhieven sollte. Aber ich verwarf diesen Gedanken in dem Augenblick, als ich die Komponente meiner schweren, dicken Winterkleidung mit in die Gleichung aufnahm. Einmal unten im Schnee hockend würde ich nie wieder aus eigener Kraft hochkommen.

Wenn es kalt wird, ziehe ich mich schön warm an. Ich bin eine Frostbeule. Durch meine unzähligen Schichten werde ich so gut wie bewegungsunfähig. Würde mich jetzt jemand nach vorne schubsen, läge ich mit allen vieren von mir gestreckt im Schnee. Kopf nach unten und nicht imstande, auch nur den kleinen Finger zu rühren. Der Maggie-Simpson-Schneeengel. Ich saß also im wahrsten Sinne des Wortes fest und lachte mit einem Hauch von Verzweiflung laut in den sternenklaren Himmel, der in sechs Minuten von bunten Raketen zerschossen werden würde. Ich blies warme Luft zwischen meine kalten Hände und rubbelte sie aneinander. Die Drohung, die ich Freunden gegenüber schon oft ausgesprochen hatte, nämlich das nächste Silvester alleine zu Hause zu verbringen, schien sich zu erfüllen. Beinahe, denn neben dem offensichtlichen Alleinsein war ich leider nicht zu Hause in der Wärme und in Sicherheit. Stattdessen steckte ich im Schnee fest und hatte noch dazu mein Handy absichtlich zu Hause gelassen. Vor dem einsamen Erfrierungstod konnte ich also noch nicht mal einen letzten Gruß an meine Eltern schicken, genauso wenig wie ich um Hilfe bitten konnte.

Wenn man erfriert, spürt man angeblich nichts. Man schläft einfach ein. Der Gedanke half irgendwie. Über den eigenen Tod habe ich schon oft nachgedacht. Schnell, schmerzfrei und leicht dramatisch sollte er sein. Ich glaube, der Tod ist der intimste Moment im Leben eines Menschen. Und das einzige Gefühl, das ich in dem Moment meines Todes nicht empfinden möchte, ist Scham.

Bibbernd schaute ich mich in der menschenleeren Straße um. Würde ich mich der Lächerlichkeit preisgeben, wenn ich mitten in Berlin in einer Seitenstraße erfrieren würde? Und das auch nur, weil ich so doof war und mich mit meinem Rollstuhl festgefahren hatte und obendrein noch mein Handy vorsätzlich zu Hause gelassen hatte?

Die Antwort gefiel mir ganz und gar nicht.

Nach einem sehr düsteren Moment hörte ich plötzlich in die Stille hinein Stimmen. Ich erkannte zwei Männer- und eine Frauenstimme. Die drei unterhielten sich lauthals auf Spanisch, direkt hinter der nächsten Häuserecke! Ich überlegte nicht lange und schrie: »Hola!«, das einzige Wort, das ich auf Spanisch konnte. Sofort verstummte das Gespräch. Dann schauten zwei Köpfe um die Ecke. »Do you need help?«, fragte mich ein kleiner Mann mit dicker Wollmütze. »Sí, sí!«, rief ich unendlich erleichtert und nickte heftig. Die beiden Typen zogen und drückten mich aus dem Schnee. Grauer Matsch und Eis setzten sich immer wieder zwischen

Rädern und Greifreifen fest. In der Nähe zündeten die ersten Raketen. »Happy New Year!«, rief der größere Typ und umarmte mich.

»Happy New Year!«, antwortete ich zitternd und mit blauen Lippen. Die junge Frau drückte mich fest und fragte mich, ob ich noch Hilfe bräuchte. »All I need is a drink«, lachte ich. Wir verabschiedeten uns mit einer weiteren Umarmung, wie es in Spanien so üblich ist.

Immerhin hab' ich es dieses Jahr Silvester schön warm. Hier drücken sich so viele Leute durch die Wohnung, dass ich mir übers Erfrieren keine Gedanken machen muss. Aus dem Augenwinkel sehe ich zwei junge Frauen. Blond, süß und mit so hohen High-Heels, dass ich mich frage, ob mein starker Träger Fabi sie ebenfalls nach oben schleppen musste. Die eine von ihnen kenne ich schon. Das ist die mit den Wackel-Brüsten. Mit greller und einer Oktave zu hoher Stimme kommt immer wieder mal ein: »Schaaatz, mach' ma Foto!« Und dann stehen sie da, lächeln sexy in die Kamera und setzen ihre meterlangen Beine vorteilhaft in Pose.

Mein Blick wandert zu meinen Füßen hinunter. Keine High-Heels, sondern Sneaker. Auf dem linken prangt immer noch ein großer Bierfleck von Sarahs Geburtstagsparty vor drei Wochen. So versifft sehen sie mindestens genauso sexy aus wie die von meiner Mutter gestrickte Bommel-Mütze auf meinem Kopf. »Scheiße!«, murmle ich und reiße mir unauffällig die Mütze vom Kopf. Peinlich berührt streiche ich eilig durch meine langen blonden Haare, werfe meinen Kopf nach vorne und wuschle mir mit den Fingern noch einmal durch meine nicht vorhandene Frisur. Mit Schwung komme ich wieder hoch – und reiße erschreckt die Augen auf.

Jetzt stehen die beiden Modelfrauen direkt vor mir und lächeln mich leicht gekünstelt an. Ein lang gezogenes »Haaai!« kommt zwischen ihren strahlend weißen Zähnen, umrahmt von knallroten Lippen, hervor. Auf den Schreck ziehe ich kräftig an meinem Strohhalm und nehme einen großen Schluck Gin Tonic. Gequält lächle ich zurück. Sie stellen sich mit Nina und Franzi vor und setzen sich vor mich auf die alte Ledercouch. Franzi passt dabei auf, dass ihr Minirock sich nicht nach oben über ihren Hintern rollt und zieht ihn angestrengt in Richtung Knie. Das Leder des Minirocks dehnt sich, je näher sie der erlösenden Sitzposition kommt, und droht mit einem quietschenden Geräusch zu platzen, als endlich ihr Hintern in die Couch sinkt. Wie zwei Steine lassen sich die beiden erleichtert fallen.

»Uff«, stößt Franzi aus. »Du hast's gut. Kannst den ganzen Tag sitzen!«

Ungefragt erzählen sie mir, dass sie die Freundinnen von Lucas und Tobi sind. Franzi beschwert sich mir gegenüber, dass Tobi kurz vor Mitternacht schon so betrunken sei, obwohl er doch wisse, dass sie heute nicht mitsaufen könne, weil sie übermorgen einen Abgabetermin für ihren Artikel bei einer bekannten Frauenzeitschrift habe. »Stress pur«, stöhnt sie.

Nina und Lucas feiern heute ihren Jahrestag. Ich reime mir zusammen, dass sie deshalb vorhin mit ihren großen Brüsten vor dem netten Jurastudenten Lucas,

der sich nun als ihr Freund entpuppt, auf- und abge-
hüpft war. Scheinbar ist das ihre Art, Freude zu zeigen.
Nina und Lucas waren zwischenzeitlich getrennt, weil
Lucas für ein Semester im Ausland war und da was mit
einer Blanca hatte. »Das ist ja so typisch Mann«, stöhnt
Nina. »Du musst die ständig daran erinnern, wie gut
die es eigentlich mit dir haben!«

Aha, denke ich. Nina hat also verstanden, wie wichtig
es ist, mit Argumenten zu punkten und wackelt dementsprechend nicht nur vor Freude mit ihren Brüsten
vor dem Gesicht ihres Freundes herum, sondern auch,
um ihn davon zu überzeugen, dass es für ihn keine bessere Frau als sie gibt. Mitfühlend nicke ich. Wir schau-
en uns an. So lange, bis mich Nina leicht zögernd fragt:
»Hast du eigentlich auch einen Freund?«

»Ja«, lächle ich.

»Oh, schön!«, freut sich Nina und Franzi fragt:
»Und?«

»Und was?«, frage ich zurück. Will Franzi jetzt wissen, ob er auch mal eine Blanca im Ausland hatte?

»Na …«, ergänzt Nina Franzis Frage, »…sitzt der
auch im Rollstuhl?«

»Noch nicht«, sage ich grinsend und hebe verschwörerisch eine Augenbraue. Nina und Franzi starren mich
entgeistert an. Mit einer beruhigenden Geste versuche ich, die beiden aus ihrer Schockstarre zu erlösen.
»Nein, mein Freund sitzt nicht im Rollstuhl. Der ist
kerngesund.«

Mit dieser Aussage scheine ich sie jedoch gleich in
den nächsten Extremzustand zu katapultieren.

»Voll schön für dich! Da hast du ja echt Glück gehabt!«, ruft Franzi schrill und klatscht aufgeregt in die Hände. Nina fügt anerkennend hinzu: »Na ja, du bist ja auch voll die Hübsche!«

Irritiert schau' ich von einer zur anderen.

»Voll romantisch. Der ist bestimmt voll fürsorglich.« Franzi stützt ihren Arm auf ihr Knie, legt verträumt das Kinn in ihre Hand und wartet darauf, dass ich jetzt Geschichten über den fürsorglichen, starken Ben erzähle, wie er sich um mich kümmert oder gar pflegt, wie er sich für mich aufopfert und wie er immer wieder edelmütig Kompromisse für mich, seine große Liebe, eingeht.

Auf einmal tut mir Ben leid. Er tut mir leid, weil er immer wieder in die Schublade des Fürsorglichen gesteckt wird, nur weil er mit einer Frau im Rollstuhl zusammen ist. Es tut mir leid für ihn, dass er wegen mir mit Vorurteilen kämpfen muss.

Ich begegnete Ben zum ersten Mal auf einem Konzert im »Lido«, einem Berliner Club, nicht weit von mir entfernt. Es war einer dieser typischen Flirtmomente – gucken, lächeln, weggucken, lächeln, reden, knutschen. Unspektakulär und direkt. Die nächsten drei Tage verbrachten wir zusammen. Die Nächte dazwischen auch. Und bis heute kann ich das Glück nicht fassen, dass sich dieser Mann, der doch jede andere hätte haben können, ausgerechnet für mich entschieden hat. Und weil ich manchmal denke, dass ich so einen Mann gar nicht verdient habe, geschweige denn halten kann (und ein kleines bisschen schon auch, weil er mir leidtut), versuche ich meine Alltagsdiskriminierungen vor Ben zu verbergen. Solche Geschichten behalte ich lieber für mich. Auch, wenn es manchmal verdammt anstrengend ist, vor ihm immer die Starke zu mimen und ihm permanent zu beweisen, dass mein Leben genauso normal ist wie seins.

Was es eben auch nicht immer ist.

Es ist durchaus gewöhnungsbedürftig, wenn zwei Jungs, wie vor ein paar Jahren Silvester(!), einen Böller unter meinem Rollstuhl zünden. Ich war auf einer Silvesterparty(!!), stand im Hof und war gerade dabei, mir pünktlich um zwölf Uhr eine Zigarette anzuzünden und mir fest vorzunehmen, ab morgen mit dem Rauchen anzufangen. Aber wie alle guten Vorsätze zog ich auch diesen nicht durch. Nach der Böller-Explosion unter meinem Stuhl fuhr ich mit fiependen Ohren und auf alle Silvester fluchend nach Hause.

Und sicherlich ist es für einen Mann auch nicht normal, mit einer Frau zusammen zu sein, die siebzehn qualvolle Minuten braucht, um sich in eine sexy schwarze Strumpfhose zu pressen. So, wie vor zwei Jahren (ja genau – Silvester!), als ich das dringende Bedürfnis verspürte, mich zwischenmenschlichen Reizen auszusetzen und mich dafür so richtig schön aufbrezelte. Ich entschied mich für ein kurzes schwarzes Kleid, das mir bis oberhalb meiner Knie reichte. Deswegen auch die scheiß Strumpfhose, die mir sportliche Höchstleistungen abverlangte. Ich trug Make-Up und roten, kussechten Lippenstift, nur für den Fall der Fälle. Zusammen mit meiner Mitbewohnerin saß ich am 31. Dezember auf einem Barhocker an der Theke eines Clubs mit mittelguten Drinks, während hinter mir irgendein Vollidiot dachte, er müsse sich jetzt mal meinen Rollstuhl ausleihen, eine Runde damit quer durch den Club drehen und bis ins nächste Jahr nicht mehr auftauchen ... Dementsprechend verbrachte ich den Jahreswechsel schweißgebadet auf meinem Barhocker, von dem ich langsam, aber sicher herunterrutschte und unschön auf den Boden plumpste. Pünktlich um zwölf Uhr. Ein Typ zog mich euphorisch zu sich herüber, um mir ein frohes neues Jahr zu wünschen. Die Umarmung fiel verständlicherweise wenig galant aus und meine Mitbewohnerin erklärte ihm, dass ich vor allem deswegen hilflos auf dem Boden läge, weil ich nicht laufen könne und weil mein Rollstuhl geklaut worden sei. Alkohol würde dabei nur eine untergeordnete Rolle spielen. Es dauerte einen Moment, bis der Typ begriff, dass er nicht von uns auf den Arm genommen wurde. Um 00:08 Uhr hob er mich wieder auf den sehr unbequemen Barhocker. Gerade noch rechtzeitig, damit ich verfolgen konnte, wie sich meine Mitbewohnerin mit meinem zurückeroberten Rollstuhl durch die tanzende Menge kämpfte.

Ja, manchmal tut Ben mir wegen so was leid.

Die beiden Mädels schauen mich noch immer verträumt an. Ich trinke meinen viel zu starken Gin Tonic auf Ex aus. Wäre ich nicht auf einer Silvesterparty, würde ich den beiden jetzt wahrscheinlich geduldig erklären, warum ich ihre Reaktion unpassend und verletzend finde. Warum ich mich durch sie degradiert fühle und warum es nicht stimmt, dass ein Mann, der mit einer Frau wie mit mir zusammen ist, immer nur der starke Superheld ist und ich immer nur das hilfsbedürftige und schwache Frauchen. Aber heute ist Silvester und ich habe die Hoffnung noch nicht vollkommen aufgegeben, mich doch noch zu amüsieren. Also geb' ich mir einen Ruck und schaue die beiden freundlich an: »Girls, ich gehe jetzt ins Wohnzimmer, das Tanzbein schwingen.«

Verschwörerisch beuge ich mich zu ihnen nach vorn und flüstere: »Ich hab' schon ziemlich einen sitzen, versteht ihr?« Sie verstehen nicht. Stattdessen ruft Franzi in Babysprache: »Schaaatz, machst du ma Foto von uns dreien?!« Doch noch bevor Tobi seine Spiegelreflexkamera zücken kann, mache ich auf dem Reifen kehrt und verschwinde.

Ich schiebe und drücke mich durch schwitzende und zuckende Unterleiber, bis ich Sarah finde. Meine Freundin tanzt, umringt von ein paar Typen, zu P.Diddys »D.I.D.D.Y«. Sie entdeckt mich und zieht mich mit pantomimischen Handbewegungen an einem unsichtbaren Seil zu sich heran. So verdammt schwer kann das doch nicht sein, ein bisschen Spaß zu haben – Silvester hin oder her! Ich atme tief ein, dann grinse ich sie entschlossen an und rolle in rhythmischen Bewegungen auf sie zu. Als ich sie erreiche, quietscht sie auf und ich greife lachend nach ihrer Hand und drehe mich einmal unter ihrem Arm um mich selbst.

Um kurz nach zwölf macht Franzi dem sehr betrunkenen Tobi eine Szene. Zur gleichen Zeit verlasse ich die Silvesterparty – Huckepack.

Ich habe auf dieses Silvester getrunken, mich unterhalten und getanzt. Ich bin nicht in Brand gesetzt worden, niemand hat meinen Stuhl geklaut, es war muckelig warm und mein Träger hatte deutlich weniger als ein Promille, sodass ich beim Abstieg nur ein bisschen um mein Leben fürchten musste. Ich habe wirklich mit aller Kraft versucht, Spaß zu haben und pünktlich um zwölf habe ich brav die Augen geschlossen und mir bedeutungsschwangere Vorsätze vorgenommen. Aber ganz ehrlich: Ich bin einfach nur froh, dass es vorbei ist. Ich will nach Hause, zu Ben.

Und so langsam glaube ich wirklich, dass Silvester mich mal kann. Für immer.

64 kg und ein Leben

Die meisten Wohnungen meiner Freunde kenne ich nicht. Ich habe keine Ahnung, wie sie dort leben, wie sie eingerichtet sind, welche Farbe ihre Küchenschränke oder die Gästehandtücher haben. Der Grund dafür sind Treppen. Treppen an Eingängen und Treppen in Hausfluren.

Das ist sehr, sehr schade, denn Wohnungen und deren Einrichtung sind für mich ein wichtiger Baustein der Persönlichkeit des Bewohners. Ich finde es spannend zu sehen, wie jemand lebt. Die Freunde, die ich aufgrund von Treppen nicht so einfach besuchen kann, müssen mindestens einmal eine Skype-Tour durch ihre Wohnungen mit mir machen oder eine Foto-Lovestory via Handy an mich schicken: Vom Bett übers Sofa, rein in die Küche, am Badezimmer vorbei und zurück in den begehbaren Kleiderschrank.

Wenn besondere Events anstehen wie Geburtstage, Wohnungseinweihungen, Babypartys usw. und ich eingeladen bin, überlege ich mir, ob und wie es eine Möglichkeit gibt, dass ich in diese Wohnung hoch und aus dieser Wohnung wieder nach unten komme. Meine Zusage hängt dann von folgenden Faktoren ab: Im wievielten Stockwerk findet die Sause statt? Denn es ist für einen möglichen Träger und für mich ein großer Unterschied, ob ich nun in den ersten oder in den fünften Stock getragen werden muss. Je nach Konditionsgrad meines Trägers wiegen meine 64 kg spätestens ab dem zweiten Stock doppelt so viel.

Das bringt mich zur nächsten, lebenswichtigen Frage: Wer kann mich tragen und wie kann ich getragen werden? Ich brauche mindestens eine starke, nicht alkoholisierte Person, egal ob Mann oder Frau, die sich traut anzupacken, und der ich auf den ersten Blick vertrauen kann. Ich weiß, dass neben dem Vertrauen, das ich dieser Person entgegenbringe, auch die Person ihrerseits bereit sein muss, diese große Verantwortung zu übernehmen. Passiert mir etwas, trägt die mich tragende Person zunächst auch die Schuld. Deshalb bin ich auch niemandem böse, wenn er diese Verantwortung nicht übernehmen möchte. Im Idealfall kenne ich meinen Träger schon und wir haben bereits eine erfolgreiche Träger-Getragene-Historie. Dann weiß dieser Träger, wie und wo er mich am sichersten halten kann. Denn das ist nicht leicht. Ich kann mich nicht sehr aktiv beteiligen. Zu schwache Rumpfmuskulatur. Deshalb bleibe ich auch am liebsten im Rollstuhl sitzen, wenn ich hochgetragen werde. Dann natürlich von zwei Personen. Einer greift vorne zu, der andere nimmt mich von hinten. Stoßgebete senden, Augen zusammenkneifen, schwitzen und hoffen, dass keiner aus Versehen stolpert. So habe ich es früher gemacht.

Heute, nach zwei kleinen Treppenunfällen und noch schlimmeren Erfahrungsberichten von befreundeten Rollstuhlfahrern, bin ich vorsichtiger und vor allem ängstlicher geworden. Heute lasse ich mich nur noch ungern tragen. Ob mit oder ohne Rollstuhl. Ich habe Angst. Angst um meine Gesundheit und um mein Leben. An der Universität meiner Freundin wurde ein rollstuhlfahrender Kommilitone eine Treppe hinuntergetragen, einer der beiden Träger fiel, der Kommilitone brach sich das Genick und starb.

Ich möchte noch nicht sterben und deshalb überlege ich mir heute gut, ob und von wem ich getragen werden möchte. Manchmal besiegt die Angst dann die Sehnsucht nach meinen Freunden, nach einem schönen Abend mit lustigen Leuten und guten Drinks und ich lehne schweren Herzens ab. Ich finde es eine Selbstverständlichkeit, dass diese Entscheidung über »Risiko eingehen – oder nicht« einzig und allein bei mir liegt. Aber nicht jeder in meinem Umfeld scheint das so zu sehen, und manchmal finde ich mich in unangenehmen Situationen wieder, in denen ich mich für meine Entscheidung rechtfertigen muss.

»Aber letztes Mal hast du dich doch auch tragen lassen!«, oder »Hier sind doch der x und der y, die können dich hochtragen!«, wird mir dann entgegengehalten, wenn ich zum Beispiel meine Teilnahme an einer Party im vierten Stock eines Altbaus absage. In der Regel meint es diese Person ja nur gut, würde mich gerne bei ihrer Party dabei haben und geht dementsprechend mit mir Lösungsalternativen durch, damit ich doch noch zustimme.

Ich wurde aber auch schon ganz offen angegangen, als mir eine Freundin meine Absage zu ihrem Geburtstag zum Vorwurf machte. Ich würde nicht genug in unsere Freundschaft investieren, entgegnete sie mir enttäuscht. Sie hätte sich so sehr auf mich gefreut und könnte nicht verstehen, warum ich mich nicht in den vierten Stock tragen lassen wollte. Sprachlos und geschockt von so viel Unsensibilität, versuchte ich ihr meine Gründe dafür noch einmal in Ruhe zu erklären, stieß aber erneut auf Unverständnis. Irgendwann war mein Argumentationsrepertoire erschöpft und ich auch. Die Freundschaft hatte einen empfindlichen Knacks bekommen und lief irgendwann ganz aus.

Das Gegenteil von Vorwürfen, bzw. intensiver Überlegung, wie Laura denn jetzt die Treppen hochkommen könnte, gab es auch – da wurde mir die Entscheidung, ob ich mich zu einem Ort hoch- oder runtertragen lasse, abgenommen, indem ich gar nicht erst eingeladen wurde. Irritiert fragte ich nach und der Gastgeber erklärte, er sei fest davon ausgegangen, dass ich aufgrund der vielen Treppen sowieso nicht zugesagt hätte.

So was macht mich echt sauer, da mir auch in diesem Fall eine nur von mir für mich getroffene Entscheidung aberkannt wird.

Alles nicht so einfach. Man könnte sich jetzt fast fragen: Meine Güte, was will die Behinderte denn jetzt – eingeladen werden oder nicht?!

Es ist eigentlich ganz einfach: Ich freue mich von Herzen über jede Einladung, die mir ins Haus flattert. Gerne überlege ich auch gemeinsam mit dem Gastgeber, wie ich eine Treppe ohne Aufzug nach oben und wieder nach unten komme. Aber bitte, liebe Gastgeberinnen und Gastgeber da draußen, überlasst es ganz allein mir, die Entscheidung zu treffen, wie und ob ich mich tragen lassen möchte. Und stellt meine Entscheidung bitte nicht immer wieder infrage. Mein Leben hängt nämlich von ihr ab, nicht das eure.

In meinem Freundeskreis gibt es inzwischen einige, die einen Rollstuhl benutzen. Ich feiere deshalb meinen Geburtstag gerne in einer schönen, barrierefreien Bar oder in einem ebenerdigen Restaurant, wovon es in Berlin Dutzende gibt.

Frau Heinrich-Funkel

»Die hasst mich! Die hat's voll auf mich abgesehen!«, beschwerte ich mich bei meiner Mutter, als ich wütend und frustriert mit einer meiner Meinung nach nicht angemessenen Deutschnote nach Hause kam. Ich war fünfzehn Jahre alt und die Welt, bzw. meine Deutschlehrerin Frau Heinrich-Funkel, hatte sich gegen mich verschworen. Genervt setzte ich mich auf den Küchentisch und sah meiner Mutter dabei zu, wie sie hochschwanger vier Kochtöpfe gleichzeitig organisierte, während Julian, mein kleiner Bruder, den Zeigefinger in die heiße Tomatensauce tunkte, sich verbrannte und aufheulte.

»Boah, Mama, hörst du mir überhaupt zu?!«

»Laura, dann sprich sie doch mal darauf an! Und deck jetzt endlich den Tisch!«, erwiderte meine Mutter und hielt den Finger meines Bruders unter kaltes Wasser.

Am nächsten Tag im Deutschunterricht verhärtete sich mein Verdacht, es hier mit einer Verschwörung gegen mich zu tun zu haben. Kein Lob für offensichtlich gute, mündliche Beiträge, vollkommenes Ignorieren meines Aufzeigens und der übliche strenge Blick in meine Richtung. Es läutete zur großen Pause und während alle aus dem Klassenzimmer eilten, nahm ich meinen Mut zusammen, stellte mich vor das Pult und schoss heraus: »Frau Heinrich-Funkel, warum hassen Sie mich?!«

Frau Heinrich-Funkel lächelte mich an und legte geduldig ihre Hände mit den frisch lackierten Fingernägeln und den Goldarmbändern ums Handgelenk auf das Pult.

»Laura, ich hasse dich nicht. Ganz im Gegenteil«, erwiderte sie milde.

»Aber zu mir sind Sie immer ganz besonders streng! Und die Jungs bekommen immer Lob und wir Mädchen nie!«

Mein Herz schlug mir bis zum Hals. Eigentlich wollte ich immer so werden wie Frau Heinrich-Funkel: Klug, emanzipiert, flink und schlagfertig. Frau Heinrich-Funkel schien immer alles im Griff zu haben. Sie wusste, was sie konnte, wovon sie sprach und dass sie gut aussah. Und das imponierte mir. Jeden Morgen bretterte sie selbstbewusst mit ihrem roten Zweisitzer-Cabriolet über den Schulparkplatz und stellte mit ihrem Flitzer alle anderen Lehrerkarossen in den Schatten.

Jetzt musterte sie mich durchdringend.

»Ich erzähl' dir jetzt mal was, Laura: Du bist eine Frau. Frauen haben es auch in unserer heutigen Gesellschaft noch immer nicht leicht. Sie müssen mehr kämpfen als Männer, nur um am Ende das Gleiche zu bekommen. Und du bist nicht nur eine Frau. Du bist eine Frau mit Behinderung. Du wirst doppelt so hart kämpfen müssen, nur um am Ende das Gleiche wie alle anderen zu bekommen.«

Sie sah mir tief in die Augen. »Ich hasse dich nicht. Ich bereite dich nur aufs Leben vor.«

Das saß. Ich schluckte und verließ das Klassenzimmer. Als ich die Treppen herunterhumpelte, um verspätet in die große Pause zu kommen, fühlte ich mich ertappt.

Heute, sechzehn Jahre später, erinnere ich mich an die Worte meiner Deutschlehrerin und erlebe beinahe täglich das, was sie mir damals prophezeit hatte: In vielen Situationen meines Alltags muss ich für mich das einfordern, was für Menschen ohne Behinderung eine Selbstverständlichkeit ist.

Für meinen Wunscharbeitsplatz muss ich kämpfen, weil dieser wegen Denkmalschutz nicht barrierefrei ist und ich dem Amt klarmachen muss, dass eine Rampe, die lediglich zwei Stufen abdecken soll, dem Gebäude nicht wehtut, sondern stattdessen mir die Möglichkeit gibt, am normalen Arbeitsleben teilzunehmen. Noch immer komme ich in die Situation, mich dafür rechtfertigen zu müssen, dass ich überhaupt arbeiten gehen will und dafür bestimmte Hilfsmittel wie Rampen oder elektrische Öffner für schwere Türen brauche.

Ich kann es mir nicht leisten, passiv danebenzustehen und es hinzunehmen, wenn der Aufzug am Bahnhof immerzu an mir vorbeifährt, überfüllt mit offensichtlichen Läufern. Ich muss die Tür aufhalten, höflich fragen, wer von den Damen und Herren denn gut zu Fuß ist und mir meinen Platz, den ich nötig habe, erbitten, bzw. einfordern.

Auch finde ich es außerordentlich beschissen, über die öffentliche Zugsprechanlage der Deutschen Bahn als Sündenbock hingestellt zu werden, wenn der sowieso schon überfüllte Zug Verspätung hat, weil man angeblich erst zwei Rollstuhlfahrer einladen musste, die Rampe aber wegen Überfüllung nicht an den Zug angedockt werden konnte.

Und ganz ehrlich – natürlich tut es mir weh, von den eigenen Kommilitonen schräg angemacht zu werden, wenn ich bei Klausuren mehr Zeit zugeschrieben bekomme, weil ich nun mal leider mit meiner rechten Hand nicht so schnell schreiben kann wie sie.

Das alles fuckt mich ab. Ich gebe es zu.

Aber ich stecke den Kopf nicht in den Sand und gebe auf. Im Gegenteil – ich will lernen, wie ich diesen inneren Kampf nach außen tragen kann, wo er hingehört. Ich lasse nicht mehr einfach geschehen. Ich hinterfrage und wehre mich, sobald ich mich wegen meiner Behinderung ausgegrenzt oder ausgeschlossen fühle. Wenn ich abends mit einer Freundin ins Theater gehen möchte und der Mann an der Theater-Hotline mir zu verstehen gibt, dass meine Freundin am anderen Ende der Reihe sitzt, weil die Rollstuhlplätze separat am Gang zugewiesen sind, bestehe ich darauf, dass wir nebeneinandersitzen. Auch wenn es nur mit einem Klappsitz, der dann neben mich gestellt werden muss, zu lösen ist. Als der Mann mir daraufhin sagt, dass dafür keine Stühle zur Verfügung stehen, überlege ich weiter und schlage vor: »Na gut, dann würde ich mich auch gerne in einen normalen Sitz umsetzen, damit ich neben meiner Begleitung sitzen kann und wir das Stück gemeinsam ansehen können.«

»Das geht nicht wegen der Brandschutzauflagen«, antwortet er, sichtlich ungeduldig werdend.

Aber er ist nicht der Einzige, der langsam die Faxen dicke hat: »Wie fänden Sie es denn, wenn Sie 40 Meter von Ihrer Frau entfernt im Theater sitzen müssten?!«, blaffe ich energisch zurück. Der Mann an der Theater-Hotline schnauft aggressiv ins Telefon: »Leute wie Sie können doch froh sein, dass Sie überhaupt ins Theater gehen können!«

Jetzt reicht es mir. Früher hätte ich jetzt Ja und Amen gesagt, aber heute möchte ich mich nicht mehr kleiner machen lassen, als ich mit meinen sitzenden 140 cm sowieso schon bin. Ich möchte ins Theater gehen können und neben meiner Begleitung sitzen. Sonst machen solche Ausflüge keinen Sinn. Ich will während der Aufführung Händchen halten, wenn es emotional wird, auf den Schenkel meiner Freundin klopfen, wenn es lustig wird und mit ihr im Flüsterton ablästern, wenn es peinlich wird.

Ich lasse mir den Namen des Mannes am Telefon geben und schreibe eine E-Mail an den Veranstalter, in der ich die Situation noch einmal kurz und knapp darlege, meinen Wunsch äußere und mich über den Spruch des Herrn beschwere. Den Namen erwähne ich erst mal nicht. Kurze Zeit später erhalte ich eine Antwort. Man freue sich, mich im Theater begrüßen zu dürfen. Ich könne zwischen folgenden Möglichkeiten wählen:

1. Ein Umsetzen in einen normalen Sitz sei möglich. Das Theaterpersonal müsse nur darüber informiert sein, dass sich genau auf diesem Platz jemand mit Mobilitätseinschränkung befindet, um mich im Notfall schnell finden zu können.
2. Meiner Begleitung und mir stünde es zu, in der VIP-Lounge zu sitzen. Diese befinde sich ganz oben über allen anderen Plätzen und sei durch eine Glasscheibe gesichert.
3. Ein Stuhl könne zur Verfügung gestellt werden, falls einer der anderen vier Rollstuhlplätze frei bliebe. Diese Sicherheit könne man mir aber erst kurz vor Beginn der Aufführung geben.

In meiner Antwortmail bedanke ich mich freundlich beim Veranstalter und entscheide mich für Möglichkeit eins. Zum Abschluss schlage ich ihm vor, seine Mitarbeiter an der Hotline besser zu schulen, damit solche für Menschen mit Behinderung erniedrigenden Momente in Zukunft vermieden werden können.

Es ist ein fortlaufender Kampf um Chancengleichheit und Selbstbestimmung. Und dieser Kampf kostet mich viel Kraft und frisst meine wertvolle Energie auf. Energie, die ich lieber in meine Freunde, meinen Körper und mein Seelenheil stecken würde.

Auch wenn Frau Heinrich-Funkel es mir damals nicht so schonungslos ins Gesicht gesagt hätte: Es ist kaum zu ignorieren, dass ich mich immer ein bisschen mehr anstrengen muss, um das gleiche Recht zu erfahren wie meine nichtbehinderten Mitmenschen. Als Frau mit Behinderung scheine ich keine andere Wahl zu haben, als aktiv und immerzu für mich und meine Rechte und Bedürfnisse zu kämpfen. Das zehrt an meinen Nerven.

Bei diesem Kampf geht es aber nicht nur um meine Rechte und Selbstbestimmtheit. Es geht auch darum auszuhalten, bzw. offensiv damit umgehen zu lernen, wie man von einigen Menschen behandelt, bzw. misshandelt wird. Wenn ich zum Beispiel vor die Tür gehe, muss ich es aushalten, dass ich von starrenden Blicken oft regelrecht ausgezogen werde.

Als ich einmal mit einer Freundin in einem Münchener Biergarten saß, setzten sich drei Typen an den gerade neben uns frei gewordenen Tisch. Als sie mich sahen, verstummten sie abrupt in ihrer Unterhaltung und begannen von da an, mich schweigend und mit halb offenen Mündern anzustarren. Sie setzten sich sogar in einen Halbkreis, um auf mich und meine Freundin eine bessere Sicht zu haben.

Dass Leute gucken, empfinde ich nicht als schlimm. Man gewöhnt sich irgendwann daran oder entwickelt Techniken, um starrende Menschen auszublenden. Wenn ich mit dieser Lebensrealität nicht klarkäme, würde ich nur noch heulend in meiner Bude hocken. Aber diese drei so penetrant glotzenden Männer konnte ich irgendwann nicht mehr ignorieren. Bei jeder Bewegung, die ich machte, bei jedem Wort, das ich von mir gab, drangen ihre Blicke mehr und mehr in mich ein. Ich begann, mich immer unwohler zu fühlen, und irgendwann sprach ich sie direkt auf ihr Verhalten an: »Kann ich Ihnen irgendwie helfen?«

Keine Reaktion. Erst, als ich mit meinem Protest lauter wurde, rührten sie sich, drehten sich leicht zueinander, nur um im nächsten Moment wieder mit ihren übergriffigen Blicken auf mich zu zielen. Nach langen zwanzig Minuten brach ich schließlich ab. Ich konnte nicht mehr. Ich fühlte mich beschmutzt und ihnen hilflos ausgeliefert und hätte bei jeder weiteren Minute, die ich das hätte ertragen müssen, in hohem Bogen über alle Bierbänke gekotzt.

Nach einer gezielten Beschimpfung meiner Freundin in Richtung der glotzenden Idioten verließen wir den Biergarten. Ich zitterte am ganzen Körper und fing an zu weinen. Solche Erlebnisse fühlen sich für mich wie echte Körperverletzung an.

Das genaue Gegenteil von dem Glotzverhalten ist das absolute Ignorieren meiner Existenz. Neulich in der U-Bahn meinte ein Mann seinem Kumpel erklären zu müssen, dass mein Rollstuhl, in dem ich ja nun zufällig und ganz nebenbei saß, mit Spinergy-Reifen ausgestattet sei. Und während dieser Mann seinem Kumpel die Vorzüge dieser Reifen erklärte, trat er kräftig gegen mein rechtes Rad, einfach so, um noch einmal deutlich zu machen, dass er genau diese Reifen, meine Reifen, meinte! In solchen Momenten holt man zum Gegenschlag aus, weil man solche Unverschämtheiten nicht über sich ergehen lassen darf. Man zieht sein Schwert und stößt zu: »Ähm, Hallo!? Soll ich meiner

Freundin jetzt auch mal erzählen, dass Ihre Hose aus billigem Kord ist und dann mal volle Kanne gegen Ihr Bein treten?!« Man ersticht seinen Gegner und macht ihn mundtot. Oder zumindest so fassungslos, dass er (hoffentlich!) über sein dummes Verhalten nachdenkt.

Kämpfen und ständig in einer Art Habachtstellung zu sein macht müde. Und man muss höllisch aufpassen, dass man die positiven Reaktionen von Menschen, die es ja auch gibt, zwischen dem ganzen Mist nicht übersieht.

Ich habe einen Traum.

Manchmal würde ich mich gerne einfach mal in aller Öffentlichkeit zurücklehnen, meine schwere Rüstung mit all den drückenden Dellen fallen lassen, das Schwert niederlegen und zugeben, dass so eine Behinderung zu haben tatsächlich nicht immer leicht ist. Ich würde offen zugeben, dass meine Behinderung viele Spuren von großen Schlachten und kleinen Kriegen in mir hinterlässt, die nur keiner unter der manchmal viel zu schweren Rüstung zu Gesicht bekommt. Weil ich gelernt habe, diese Rüstung niemals, wirklich niemals da draußen in der Welt abzulegen. Davon träume ich, wenn ich mich wieder mal ausgebrannt und schwach fühle und mich zutiefst nach Ruhe und Verständnis sehne. Aber leider scheint aus diesem Traum wohl nie Realität werden zu können.

Denn statt auf Verständnis und Unterstützung, treffe ich immer wieder auf Dinge wie diese ganz besonderen scharfkantigen Sätze, die den zerstörerischen Effekt von Nagelbomben haben: »Wenn ich du wäre, hätte ich mich schon längst umgebracht«, Oder: »Im Rollstuhl zu sitzen ist das Schlimmste, was mir passieren könnte«.

Das sind Sätze, die mir wie spitze Granatsplitter durch die Rüstung schießen und meine Seele zerfetzen. Es sind unfassbar destruktive Gedanken in scheinbar harmlose Sätze gepackt, die erbarmungslos ein Urteil über mein Leben fällen. Völlig ungefragt. Ein Leben, mein Leben, das in den Augen des anderen schrecklich, zutiefst deprimierend und trostlos erscheint. Ich kann mir nichts vorstellen, was mich mehr verletzen könnte, als dass mir gesagt wird, mein Leben mit meiner Behinderung sei nicht lebenswert.

Früher brachten mich solche Äußerungen in die Verlegenheit, mich für mein Leben und meine Behinderung rechtfertigen zu wollen. Ich bemühte mich, meine Behinderung so darzustellen, dass der andere sich beim »Hineinfühlen« in mein Leben nicht mehr ganz so schlecht fühlen musste. Ich redete meine Behinderung möglichst schön, damit mein Gegenüber zumindest ansatzweise glauben konnte, dass auch mein Leben wertvoll und lebenswert war. Es war mühsame Überzeugungsarbeit. Heute verzichte ich auf derartige Leistungen oder lasse sie mir mit einem angemessenen Honorar vergüten.

Ich habe mir die Aussage von Frau Heinrich-Funkel damals sehr zu Herzen genommen. Als selbstbewusste Frau und Lehrerin war sie ein echtes Vorbild für mich. Durch ihre schonungslose Direktheit hatte ich das Gefühl, etwas falsch gemacht zu haben, zu wenig für mich eingestanden zu sein. Vielleicht empfand ich so, weil ich schon damals in meinem Schulalltag durch gehässige Bemerkungen von Mitschülern zu spüren bekam, dass mein Leben kein Ponyhof war. Und dennoch spielte ich vor mir und den andern dieses Mobbing herunter und tat so, als ob es mir nichts ausmachen würde.

Heute, als erwachsene Frau, verstehe ich genau, was meine Lehrerin mir damals beibringen wollte. Es war ihre Art, mir zu zeigen, dass ich ihr nicht egal war und dass sie echtes Potential in mir sah. Sie wollte mich durch ihre Härte auf das Leben vorbereiten.

Trotzdem. Wenn ich sie heute noch einmal träfe, dann würde ich ihr sagen: »Danke für Ihre Bemühungen, Frau Heinrich-Funkel, aber Ihr Versuch ist leider danebengegangen. Sie hatten vollkommen recht – da draußen ist es wahrlich nicht einfach als Frau mit Behinderung. Aber genau deswegen hätte ich mir Sie als eine Lehrerin gewünscht, die mich nicht durch ungerechte Behandlung abhärten, sondern durch Gleichberechtigung hätte stärken wollen. Die Welt ist die Welt. Aber Ihre Unterrichtsstunde war Ihre Unterrichtsstunde. Ich hätte mich über so einen Schonraum sehr gefreut. Denn genau das ist es, was ich in meinem Leben kapiert habe – nur wenn es mir gelingt, mir in meinem engsten Kreis mithilfe meiner Liebsten einen Kokon zu bauen und ihn unzerstörbar zu machen, nur dann bin ich stark genug, die oft ziemlich beschissene und ungerechte Kackwelt da draußen auszuhalten, ohne dass sie mich kaputt macht.«

Herzensbruch

»Aus welchem Heim kommen Sie denn jetzt?«, fragt mich der alte Mann mit Hornbrille und schneeweißen, nach hinten gegelten Haaren. Er beugt sich über mich, zieht mit Daumen und Zeigefinger erst das eine, dann das andere Auge auseinander und leuchtet mir mit seinem Lichtstab mitten hinein. Meine Pupillen verengen sich. Ein gutes Zeichen. Sein Prof.-Dr.-Hahnenkamp-Finkh-Schild baumelt vor meinem Gesicht herum.

»Fragen Sie auch jeden dunkelhäutigen Mitbürger, von welchem Baumwollfeld er kommt?!«, presse ich mit der allerletzten Schlagfertigkeit, die mein gebrochener Schädel noch zusammensetzen kann, hervor. Der Geruch von Desinfektionsmittel vermischt sich mit dem Geschmack von Eisen in meinem Mund.

»Nana, Sie müssen mir die Frage schon zugestehen. Die meisten Rollstuhlfahrer leben doch in Heimen.« Sein besserwisserischer Blick streift die beiden jüngeren Ärzte, die in gebührendem Abstand hinter ihm stehen und erlaubt keinerlei Zweifel an seiner Aussage. Die beiden Assistenzärzte nicken brav.

Gerne hätte ich Prof. Dr. Hahnenkamp-Finkh jetzt aufgeklärt, ihm von meinem Leben erzählt. Dass niemand von meinen rollstuhlfahrenden Freunden in irgendwelchen Heimen wohnt. Dass ich selbstständig in meiner Wohnung lebe, mir den Müllbeutel an meinen Rollstuhl binde und ihn hinter mir her zum Müllraum schleife, um ihn dort zu entsorgen. Dass ich mir für meinen Haushalt Hilfe ins Haus hole; nicht, weil ich hilflos bin, sondern weil ich mir dadurch meine Selbstständigkeit bewahre. Von den Tricks, wie ich mir meine Hosen anziehe oder mir die Haare mache. Ich hätte ihm gerne erzählt, dass ich fünf Tage die Woche arbeiten gehe, meine Steuern und meine Krankenversicherung zahle und Freunde treffe.

Ich hätte dem alten Mann in seinem weißen Kittel erzählt, wie mich Ben vor zwei Wochen mitten in der Nacht weckte und mich zu einem Picknick an die Spree entführte, mich auf den Arm nahm und die Böschung runtertrug. Wie wir am Ufer knutschten und fummelten.

Ich hätte dem Herrn Professor erzählt, dass ich für Ben seit Monaten meine Arbeit vernachlässigte. Dabei liebe ich meine Arbeit. Aber Ben liebte ich mehr. Ich hätte erzählt, wie wir abends die Dialoge von Shakespeare's »Romeo und Julia« rezitierten. Auf sächsisch. Er war Romeo, ich war Julia. Und wie dieser Mann es geschafft hatte, meinen Bauch anzufassen, ohne dass ich verkrampft und voller Scham die Luft anhielt. Wie er mir liebevoll wissend erklärte, dass ich mich endlich trauen solle, mich hinzugeben und alles loszulassen. Manche Dinge muss man mir erklären. Auch wenn ich alles weiß. Aber um ganz sicher zu sein, dass ich hier bei ihm auch wirklich richtig war, ließ ich es mir gerne noch einmal sagen. Als ob solche Lippenbekenntnisse irgendeine rechtliche Absicherung bedeuten würden. Als ob es so eine Sicherheit in der Liebe überhaupt gäbe. Aber bei Ben fühlte ich mich sicher, immer. So redete ich es mir jedenfalls ein. Also machte ich mich verletzbar und ließ mich fallen, ohne Netz und doppelten Boden.

Und schließlich hätte ich diesem Professor gerne erzählt, wie mir Ben in nur einem einzigen Moment einige Nächte später mein Herz brach und wie ich daraufhin ins Bodenlose stürzte. Wie ich einige Tage später in einem Anfall von Frust zwei Monatsgehälter für sinnloses Online-Shopping auf den Kopf haute. In der naiven Hoffnung, dadurch etwas Trost zu finden. Wie es heute Morgen an meiner Tür klingelte und mir ein Riesenpaket voller Kleider und Tops in die Hände gedrückt wurde, die ich niemals anziehen würde, da sie mich nur an meinen dunkelsten Moment erinnern würden. Wie ich mich an der Haustür abstieß, weil ich keine Hand mehr zum Fahren frei hatte, nach hinten rollte, am Türrahmen hängen blieb und mich in hohem Bogen überschlug. Wie ich meinen Schädel auf dem harten Steinfußboden brechen hörte und wie sich mein Mund mit warmer Flüssigkeit füllte, die nach Eisen schmeckte.

All das hätte ich dem alten Arzt mit seinem baumelnden Namensschildchen gerne erzählt und ihm dadurch veranschaulicht, wie ekelhaft normal mein Leben ist.

Stattdessen kotze ich ihm in der Notaufnahme vor die Füße. Quasi als Zusammenfassung.

Schädel-Hirn-Trauma mit Schädelfraktur und Hirnblutung ist die offizielle Diagnose. Gebrochenes Herz und Liebesschmerz werden nicht in die Krankenakte mit aufgenommen.

In meinem Einzelzimmer habe ich viel Zeit zum Nachdenken. Um mein gebrochenes Herz nicht weiter zu belasten, würde ich es mir so gerne ganz einfach machen und alles auf meine Behinderung schieben. Dann könnte ich jetzt einen Haken hinter die ganze Misere machen und mich in meiner Opferrolle gemütlich einrichten. Aber so einfach ist das nicht mit Ben.

Ben war anders. Er wollte immer alles über mich und meinen Körper wissen. Und ich erzählte es ihm. Ganz ohne Scham oder Angst davor, dass er mich für irgendetwas verurteilen oder mich weniger attraktiv finden könnte. Er nahm mich, so wie ich war und mochte mich nicht trotz meiner Behinderung, sondern mit ihr. »Die Einzige, die damit ein Problem zu haben scheint, bist du selbst«, sagte er mir und traf mich mit dieser Wahrheit hart ins Gesicht.

Er war der geduldigste Mann, den ich bis dahin kennengelernt und geliebt hatte. Ein hemmungsloser Rebell, der die Frage »Sind Sie der Betreuer?« der Kartenverkäuferin im Kino mit einem langen und innigen Zungenkuss beantwortete. Er hetzte mich nicht, wenn ich mir meine Zeit zum Anziehen nahm oder mit meiner besten Freundin telefonierte, während er danebensaß. Dann wirkte er oft abwesend, schaute an die Decke und streichelte gedankenverloren mit Zeige- und Mittelfinger über seine Schläfe.

Ben war einer dieser Menschen, die da sind, ohne wirklich bei einem zu sein. Wie ein glitschiger Fisch, den man nie richtig zu packen kriegt. »Ich habe Gefühle für dich. Sehr große sogar. Aber ich kann dir nicht sagen, was morgen ist. Ich glaube nicht an feste Beziehungen. Das hat nichts mit dir zu tun«, sagte er mir, als ich ihn nach dreimonatigem Liebe-Machen fragte, ob das mit uns eigentlich etwas Festes werden könnte. »Ich brauche Zeit«, gab er mir zu verstehen und ich wollte ihm die Zeit geben, wollte Geduld und Verständnis aufbringen. Seine Unnahbarkeit faszinierte mich. Es war meine kleine Herausforderung, ihn davon zu überzeugen, dass ich und nur ich allein die richtige Frau für ihn war. Die Frau, die ihn an die Hand nahm und seine Rastlosigkeit und innere Unruhe heilen konnte. Diese romantisch verklärte Illusion seine Retterin zu sein, der er, wenn er erst mal mit ihrer Hilfe zu einem besseren Menschen und Mann geworden war, vor Dankbarkeit ewige Treue schwören würde – was für eine gequirlte Scheiße!

Für dieses Trugbild nahm ich viel in Kauf, machte mich kleiner, als ich war, ließ mich demütigen und verpasste meinem sonst so geliebten Stolz schmerzhafte Kratzer. Wenn Ben, der mit meiner Behinderung so natürlich umging wie noch kein Mann zuvor, mich nicht will, dann wird mich niemand haben wollen. Mit diesem Mantra, das ich im Kopf ständig wiederholte, versuchte ich den Betrug gegenüber mir selbst zu rechtfertigen. Ich verkaufte mich unter meinem Wert. Und so beschämend es auch sein mag – manchmal hat es mir sogar gefallen. Wie konnte mir das nur passieren?!

Und während ich hier einsam vor mich hin liege in diesem weißen, unpersönlichen Zimmer und unter meinen Armen die Achselhaare immer länger werden und die Tränenspuren auf meinen Wangen niemals ganz abtrocknen, suche ich nach Antworten und quäle meinen erschütterten und entzweigebrochenen Kopf mit den ganzen Warum-Fragen: Warum hat er das getan? Und vor allem – warum habe ich zugelassen, dass er mich so behandelt? Wo war die starke Frau, die sich sonst nichts sagen lässt und mit Donner und Blitz gegen Ungerechtigkeiten kämpft?! Wo war diese Frau in dem Moment, als ich sie am allermeisten brauchte? Als ich mit angewinkelten Beinen, nackt und zitternd, bei ihm im Bett lag auf einmal eindeutige Geräusche mitbekam. Ich fragte mich: »Treibt er es gerade mit einer anderen Frau in der Küche?. Zwischen den schmutzigen Töpfen, den von uns am Vorabend benutzten Weingläsern und dem von mir frisch aufgefüllten Obstkorb?« Wo war die Frau, die entrüstet und wutentbrannt in die Küche rollt und ihn zur Rede stellt, anstatt ihre Schreie mit dem Teddy vor dem Mund im Keim zu ersticken? Wo war die Frau, die Ben ihre Trauer und Enttäuschung noch in derselben Nacht um die Ohren pfeffert und die ihm niemals am nächsten Morgen in besagter Küche wortlos gegenübersitzen würde, als sei ihre Welt noch heile?!

»Ich bringe Paul eben seine Gitarre zurück und hole auf dem Rückweg Brötchen zum Frühstück, okay?« Er sieht mir dabei nicht in die Augen. Ich nicke stumm. Mehr hätte meine Stimme auch nicht hergegeben. Ben reißt seine Jacke vom Haken, krallt sich die Gitarre und verschwindet aus der Wohnung. Das ist mein Zeichen. Schnurstracks schmeiße ich den Küchenstuhl, auf dem Ben gerade noch saß, zur Seite, rolle aus der Küche und heize um die Ecke ins Schlafzimmer. Zweimal rutschen meine nassgeschwitzten Hände dabei von den Greifreifen. Mein Rollstuhl streift den Türrahmen und hinterlässt einen großen Kratzer im weißen Lack. Im Schlafzimmer kralle ich mir meinen leeren Rucksack. Mein Blick scannt das Schlafzimmer ab. Auf dem roten Holzstuhl liegt mein schwarzes T-Shirt und mein BH. Unterm Bett entdecke ich zerknüllte, alte Socken. Hektisch sammle ich alles ein. Die Socken lasse ich, wo sie sind, ich habe keine Zeit mehr. Zwischen meinen Haarklammern auf der anderen Seite des Bettes sehe ich das Säckchen mit den Sorgenpuppen liegen, das ich Ben vor ein paar Wochen geschenkt habe, als er Albträume hatte. Auf dem Bett sitzt mein Teddy. Tränen schießen mir in die Augen.

Mit dem vollen Rucksack auf dem Schoß hetze ich wieder Richtung Küche und schramme dabei erneut mit meinem Rollstuhl am Türrahmen entlang. Dieses Mal mit Absicht. Es wird die einzige Narbe sein, die ich bei Ben zurücklasse. Den Rucksack lege ich auf dem Küchentisch ab, um ihn zuzumachen. Meine Hände zittern, genau wie mein restlicher Körper. Ein hysterisches Stöhnen entweicht meinem Mund, als ich vergeblich versuche, den Reißverschluss des Rucksacks mit flatternden Fingern zuzuziehen. Die erste Träne kullert über meine linke Wange, als es mir endlich gelingt, den Rucksack mit den Zähnen zu schließen. Schnell drehe ich mich mit dem Rücken zum Küchentisch und schlüpfe mit den Armen durch die Träger. Auf einmal fallen mir die Sachen im Bad ein – meine Zahnbürste, mein Deo. Ich stocke und blicke rüber zur Küchenuhr. Nach meiner Berechnung wird Ben in fünfzehn Minuten wieder hier sein. Scheiß auf den Rest und mach, dass du hier wegkommst, beschließe ich.

Ein letzter Blick durch die Küche. Da, wo alles geschah. Das erste Foto, das Ben von mir gemacht hat, ist hier entstanden. Eingerahmt hängt es heute bei mir im Badezimmer. Wen könnte ich später anrufen, damit er vorbeikommt, um es abzuhängen, frage ich mich. Partys und andere Saufabende haben hier stattgefunden. Auf dem Tisch haben wir Weihnachtsplätzchen für meine Familie gebacken, Spritzgebäck. Die Reste vom Mehl sind heute noch in den tiefen Ritzen des alten Holzes zu erahnen. Unseren besten Sex hatten wir hier in der Küche, auf diesem Tisch. Und auf dem Herd. Mir wird schlecht und ich frage mich, wie ich mit diesem Menschen noch vor zehn Minuten in einem Raum existieren konnte.

Die Wohnungstür öffnet sich mit dem gewohnt lauten Knacken. Ich ziehe mich, mit einer Hand am Türrahmen, über die kleine Schwelle auf dem Boden raus in den Flur. Meine schwitzigen Finger rutschen vom Türgriff ab, als ich ihn hinter mir greifen will. Erst einmal, dann ein zweites Mal. Ein verzweifeltes Aufstöhnen hallt durch den Hausflur, bevor meine Hand endlich den Griff gepackt bekommt. Das Zuknallen der Wohnungstür schmerzt in meinen Ohren.

»Bitte, komm. Bittebitte – jetzt komm schon!«, wimmere ich vor mich hin, während ich auf den Knopf des alten Lastenaufzugs haue, immer wieder.

»Der ist kaputt.«

Irritiert drehe ich mich um und sehe nur noch einen zerzausten dunkelbraunen Kopf von einem Typen, der die Treppe runter in die erste Etage eilt.

»Danke für deine Hilfe!«, schreie ich ihm durch den Hausflur hinterher, fange an zu weinen und füge flüsternd hinzu: »Du blöder Idiot.«

Ich starre, langsam panisch werdend, auf die steile Holztreppe. Es könnte alles so einfach sein. Ich würde nichts mehr fühlen, gar nichts. Ich nehme Anlauf, kneife die Augen zusammen, halte die Luft an – und greife, zwei Zentimeter vor der obersten Stufe, an meine Räder, um scharf zu bremsen.

Ich will gar nicht sterben. Wollte ich noch nie. Mein Herz rast und endlich steigt die grenzenlose Wut und der Hass in mir hoch und mit ihnen meine Entschlossenheit. Kein Mann der Welt wird mich dazu bringen, nicht weiterleben zu wollen! Ich will hier einfach nur weg und ein kaputter Aufzug wird mich nicht aufhalten. Einen halben Meter setze ich zurück, stelle meine Füße auf die Erde und rutsche mit dem Popo unbeholfen runter auf den dreckigen Fußboden. Meine Würde und mein Stolz sind sowieso schon am Arsch, da kommt es auf eine entwürdigende Szene mehr oder weniger auch nicht mehr an. Schon oft bin ich auf dem Hintern irgendwelche Treppen runtergerutscht. Aber da hatte ich auch immer jemanden, der mir den Rollstuhl hinterher trug. Jetzt hatte ich gar nichts mehr: keinen Helfer, keine Würde, keinen Stolz und vor allem keine Zeit. Genauso gut hätte ich den Stuhl auch einfach hier stehen lassen und ohne alles auf dem dreckigen Berliner Asphalt bis nach Hause robben können. Das alles macht jetzt keinen Unterschied mehr. Alles, was zählt, ist von hier wegzukommen, so schnell wie möglich.

Ich reibe mir meine Hände an der Hose trocken, kralle mir die Stange an der Rückenlehne meines Rollstuhls und lasse die Reifen, Stufe für Stufe, vor mir die Treppe hinabpoltern. Auf dem Popo rutsche ich hinterher. Jedes noch so kleine Geräusch, vom ächzenden Rollstuhl, vom Schleifen meines Hinterns über die rauen Stufen, bis hin zum leisen Wimmern und Nase hochziehen, wird von der Leere des Treppenhauses aufgesogen und dreimal so laut wieder ausgespuckt.

Und dann auf einmal höre ich neben meinen eigenen Geräuschen dieses vertraute Knacken. Scheiße! Entsetzt schlage ich mir eine schmutzig schwarze Hand vor den Mund. Unten wird die stählerne Haustür aufgeschlossen! Mein Herz schlägt wie ein Hammer gegen meinen Brustkorb. Bitte nicht, denke ich. Bittebitte nicht!!

Jemand kommt die Treppe hinauf. Ich sitze völlig derangiert und verschwitzt auf der vierten Stufe der zweiten Etage, mein Rollstuhl hängt schon zwei Stufen tiefer. Bis zu diesem Moment reichte meine Vorstellungskraft nicht aus, um zu glauben, dass das Ganze hier noch unwürdiger hätte werden können. Falsch gedacht.

Die Schritte kommen unerbittlich höher. Ich halte meinen Blick auf den Boden gesenkt und konzentriere mich darauf, mich vielleicht doch noch irgendwie in Luft aufzulösen, da kommt der zerzauste Typ von vorhin die Treppe wieder hoch, mustert mich kurz und schiebt sich, völlig gleichgültig und ohne ein Wort zu verlieren, an mir vorbei. Noch nie habe ich mich dermaßen über Ignoranz und Unhöflichkeit gefreut!

Man sagt ja, dass Sportler kurz vor der Zielgeraden noch einmal alles aus sich herausholen und jede noch so versteckte Kraftreserve aktivieren. Das Ziel ist zum Greifen nah und der Körper schüttet noch einmal ordentlich Adrenalin aus.

Bei mir funktioniert das nicht. Ich bin am Ende meiner Kräfte, unendlich traurig und bis ins Mark erschüttert. Die letzte Stufe. Ich bin ganz unten angekommen. In mir drin ist es leer und pechschwarz.

Jetzt liege ich hier allein in meinem Krankenhausbett. Ohne Ben, ohne Herz, ohne das Gefühl von Sicherheit. Meine Zimmertür wird aufgerissen, eine Krankenschwester eilt zu meinem Bett. »Machen Sie mal Ihre Beine auseinander.«

Ich nehme die Decke zur Seite, stelle resigniert fest, dass ich diese Aufforderung jetzt wohl länger nicht mehr zu hören bekommen werde und ziehe schmerzvoll die Luft ein, als mir die Schwester mit flinken Fingern den Dauerkatheter herausreißt.

Und in diesem Moment, als mir der Druck von meinem Unterleib genommen wird, begreife ich, dass das nicht die einzige Last ist, die gerade von mir abfällt. Wenn man sich mit einer irrwitzigen Hoffnung und alle Zweifel ignorierend fest an jemanden klammert, obwohl man tief in sich weiß, dass es in einer Katastrophe enden wird, dass man sich einen in die Tasche lügt und man am Ende an dieser Person zerbrechen wird, dann wird das Leben zu einer ekelhaft süßlichen Qual.

Es kommt einer Befreiung gleich, wenn dieser suchtartige Zustand endlich vorbei ist und man in Einzelteilen am Boden liegt. Man steht nackt vor sich selbst, was erschütternd und tröstlich zugleich ist. Vielleicht musste ich erst hart auf den Kopf fallen, um zu verstehen, dass es wirklich Zeit wird, mir selber die Stange zu halten und selbstbewusst für meine Bedürfnisse einzustehen. Um endlich daran zu glauben, dass ich liebenswert bin und Glück und Liebe verdiene.

»Wie geht es Ihnen?«, fragt mich ein junger Arzt mit Hornbrille.

»Gut«, lüge ich.

»Ende der Woche dürfen Sie nach Hause.« Er setzt sich auf die Bettkante und lächelt mich ermutigend an. »Bei Ihrer Verletzung müssen Sie sich auf eine lange Genesung einstellen.«

Das war mir klar. Ich mache diesen Liebeskummer-Wahnsinn schließlich nicht zum ersten Mal mit.

Kopf aus

Die Liebe lässt niemanden heile zurück. Sie fügt einem grausame Schmerzen zu, die niemand lindern kann. Sie hinterlässt Narben, die niemand sehen kann. Und manchmal lässt sie einen mit gebrochenem Schädel zurück. Die Liebe kann ein großes Arschloch sein und wenn sie vorbei ist, hat immer der verloren, der mehr geliebt hat.

Es dauert keine fünf Minuten, bis ich alle Gegenstände, die noch von Ben in meiner Wohnung sind oder die mich irgendwie an ihn erinnern, nach draußen geschmissen habe. Nur bei der Gitarre, mit der Ben mich so oft in den Schlaf gespielt hatte, zögere ich. Die hatte ich aus dem Musikraum meiner Uni mitgehen lassen, nachdem mich meine verhasste holländische Dozentin durch die letzte Prüfung meines Studiums fallen ließ und mich so geradewegs in Bens Arme schubste.

Denn eigentlich war alles schon geplant gewesen. Ich hatte einen Praktikumsplatz in Neuseeland und ein WG-Zimmer. Nach vier Jahren in den Niederlanden war meine Sehnsucht nach der Ferne so groß wie nie. Und was wäre weiter weg gewesen als Neuseeland? Es sollte anders kommen: Ich rasselte durch die Prüfung, verstand die Welt nicht mehr und Ben, mit dem ich zu dem Zeitpunkt schon zusammen war, was man halt so zusammen nennt, fragte mich, ob ich nicht nach Berlin kommen wolle. Also ging ich nach Berlin. Für die Liebe und einen Job in der Gerontopsychiatrie. Die Gitarre nahm ich mit.

Und jetzt steht sie hier vor mir. Unbespielt und ungeliebt. Wenn ich wieder bei Kräften bin, werde ich sie zerstören, beschließe ich und lasse sie achtlos in der Ecke stehen.

Vor zwei Monaten wurde ich aus dem Krankenhaus entlassen und zurück in mein Leben geschmissen. Seitdem gibt es schlechte und schlechtere Tage. An schlechten Tagen ist das Hämmern und Dröhnen im erschütterten Schädel so laut, dass es das Weinen und Schluchzen des Herzens übertönt. An schlechteren Tagen vermischen sich Kopf- und Herzschmerz und ich weiß nicht mehr, was mehr wehtut. Durch viel Ruhe, Liebe und Geduld von Freunden und Familie geht das tägliche Kopfhämmern langsam in ein leichtes, erträglicheres Dröhnen über. Mein Herz nimmt den regelmäßigen Rhythmus des altbekannten Pochens wieder auf und meine Mutter bucht uns einen Trip auf die Insel Kos in Griechenland.

Irgendwie muss es ja weitergehen. Ich weiß zwar nicht wie, aber ein Urlaub scheint mir ein guter Anfang zu sein. Auf andere Gedanken kommen, die nicht mit Trauer, Schmerz oder Hass zu tun haben. Ich will mich voll und ganz auf die Insel einlassen, ihre Sehenswürdigkeiten und ihre Natur erkunden. Und wenn ich wieder zurück in Berlin bin, werde ich meinen Freunden stolz berichten, wie ich einen Surfkurs besuchte (und kläglich scheiterte) und wie ich jeden Abend mit Ouzo und neu gewonnenen griechischen Freunden am Strand saß, den Sonnenuntergang genoss und das Leben feierte. Ich werde darüber berichten, wie mich die Unternehmungslust packte und zu welchen neuen Lebenserkenntnissen ich gekommen bin. Dass kein Mann es wert ist, sich für ihn und die Hoffnung in ein nie eintretendes »wir« zu erniedrigen, dass ich mehr wert bin als ein Bumsdöschen, das man vielleicht mag, aber nicht zu schätzen weiß und dass das nächste Mal ich aussuche und nicht mehr diejenige bin, die ausgesucht wird. Meine Freunde werden wieder aufatmen können und ihre Schultern zum Ausheulen werden in Zukunft trocken bleiben. Und ich werde »Tschik« lesen. Ein Buch, von dem alle Welt schwärmt.

Eine Woche liegt »Tschik« auf meinem Nachttisch im Hotel. Ungeöffnet. Jungfräulich. Eine Woche lang besuche ich weder einen Surfkurs, noch packt mich irgendeine Unternehmungslust. Eigentlich packt mich gar keine Lust. Zu nichts. Ich liege einfach nur da und existiere. Am Strand, am Pool, im Bett.

Schon am ersten Tag des Urlaubs legt sich in mir ein gnädiger Vorhang über alles, was vorher war. So, wie die Besitzer eines Ferienhauses während ihrer Abwesenheit über ihre Möbel weiße Laken werfen, um sie vor

Staub und Sonne zu schützen, so liegt über meinem bisherigen Leben ein kühles, schützendes Tuch. Ich weiß auf einmal nicht mehr, was mich die Wochen vor der Reise stresste, wütend oder traurig machte. Würde mich jemand nach meinem Beruf oder Alter fragen, müsste ich erst angestrengt überlegen.

Mein Kopf ist im Off-Modus. Ich bewege mich so wenig wie möglich. Vom Bett zum Frühstück, vom Frühstück an den Strand, vom Strand zum Abendessen, vom Abendessen ins Bett. Und zwischendurch blicke ich einfach nur über das Meer in die Ferne oder betrachte meine Füße. Meine nackten Füße im Sand. Ich beobachte, wie sich die winzigen Sandkörner bei der kleinsten Bewegung durch die Zehen drücken. Ich würde jetzt gerne laufen und denke darüber nach, wie selten dieser Gedanke geworden ist. Durch Sand zu laufen fand ich immer schön. Wie man mit jedem Schritt den Sand mit dem Fußballen und den Zehen wie eine Schaufel nach hinten drückt. Ich würde jetzt gerne durch den Sand zum Meer laufen. Nur ein paar Schritte und dann im Meer stehen und fühlen, wie das Wasser mit jeder zurückgehenden Welle den nassen Sand unter meinen Füßen mitzieht. Meine Augen werden feucht, der Wind bläst mir leicht durch die Haare. Ich schüttle mich und die ganze Gefühlsduselei von mir ab und lache mich selbst aus.

Ein kleiner Junge versucht auf einen aufgeblasenen grünen Hai zu klettern und rutscht zum vierten Mal ab. Meine Mutter liegt mit Sonnenbrille und Bikini neben mir auf einer Liege im Sand und pennt. »Ich hab' Rückenschmerzen. Die Liege ist zu hart«, sagt sie, als sie wach wird. Ich hole mein Notizbuch raus und notiere den Satz.

Einmal machen wir einen Ausflug nach Kos-Stadt. Wir gehen über den Markt und ich schaue mir die nackten Griechischen Götter an. Das gefällt mir, irgendwie. Ich probiere eine Sonnenbrille aus und bekomme sie vom Verkäufer geschenkt. Ein anderer Verkäufer schenkt mir ein Tuch. Vielleicht aus Mitleid, vielleicht will er mir eine Freude machen, vielleicht bin ich aber auch hier in Griechenland eine Göttin, die ihren Thron immer dabeihat und der man etwas schenken muss, um in den Himmel zu kommen.

Am nächsten Tag regnet und donnert es. Den ganzen Tag beschäftige ich mich mit dem Tuch. Ich wickle und falte es um meinen Hals, meine Brust und meinen ausgeschalteten Kopf, während meine Mutter das Unwetter fotografiert und die Bilder durch unsere Familien-Whatsapp-Gruppe schickt.

Als der Regen abzieht, lege ich mich wieder an den Strand und schaue in die Ferne. Ein älterer Herr mit weißen, langen Haaren und Malblock unterm Arm beobachtet mich dabei. Ein paar Tage später, als ich wieder am Strand bin und auf den Horizont starre, kommt er zu mir und schenkt mir ein Bild. Er hätte mich gemalt, sagt er. Erstaunt schaue ich auf das Blatt Papier in meiner Hand. Das Bild zeigt mich in Gestalt einer Meerjungfrau, die mit wehenden Haaren auf einem Motorrad fährt. Es berührt mich sehr und ich muss lauthals lachen. Zum ersten Mal seit drei

Monaten. Ich zucke zusammen, so ungewohnt ist dieses glucksende, laute Geräusch, das da aus meinem Mund herauskommt. Ich werde das Bild einrahmen und in mein Badezimmer hängen. Dann ist die Meerjungfrau immer in der Nähe vom Wasser.

Für mein bloßes »so sein« kleine Geschenke zu erhalten ist eine schöne Erfahrung. Ich habe nichts getan und habe doch etwas bekommen. Die letzten Tage liege ich wieder am Strand. Oder am Pool. Und schaue in die Ferne. Ohne auch nur einen Gedanken an Verletzungen, Wertlosigkeit oder Trauer zu verlieren. Diese Gefühle verschwinden einfach, lösen sich auf. Was bleibt bin ich. Mein »einfach so da sein« reicht mir in diesen Tagen, um zufrieden zu sein. Keine Reize von außen, einfach nur wunderbare Eintönigkeit. Ich bin mir selbst genug. Ich brauche niemand anderen, der mich erfüllt oder ganz macht. Ich bin immer schon ganz gewesen und hatte es nur vergessen und jetzt fällt es mir wieder ein. Der Urlaub schenkt mir mich selbst zurück. Und endlich eine neue Liste für mein Notizbuch, in dem ich alle möglichen Arten von Listen sammle.

Die nervigsten Sprüche meiner Mutter:

»Guck mal, wie ich aussehe! Das ist von der Klimaanlage!«

»Mir ist kalt. Aber das liegt auch daran, weil ich die letzten Nächte nicht geschlafen habe.«

»Ich hab' null geschlafen. Die Matratze ist zu weich.«

»Ich hab' Rückenschmerzen. Die Liege ist zu hart.«

»Es ist so windig. Ich hab' Ohrenschmerzen.«

»Ich hab' Rückenschmerzen. Die Matratze ist zu weich.«

»Ich muss schon wieder Pipi. Das ist immer, wenn ich lache.«

»Ich bekomme schon wieder eine Hitzewallung!«

»Ich hab' Bauchschmerzen! Das muss am Essen liegen.«

»Ich hab' Bauchschmerzen! Ich hab' viel zu viel gegessen!«

»Ich hab' Bauchschmerzen! Ich darf keinen Zucker mehr essen!«

»Ich hab' Bauchschmerzen! Das war der Kuchen gestern!«

»Ich hatte elf Hitzewallungen letzte Nacht!«

»Nur Regen! Da hätten wir auch zu Hause bleiben können.«

»Mir tun die Füße weh. Bestimmt vom vielen Liegen!«

»Mir tut der Arm weh! Ich glaub', der ist ausgerenkt. Ja, ich hab'
auf der Seite gelegen!«

»Es fühlt sich an, als hätte ich eine Kopfgrippe. Das ist vom vielen Wind!«

»Komisch, mir tun meine Knie gar nicht weh!«

Gestern komme ich wieder in Berlin an. Braun gebrannt. In der U-Bahn demonstriert ein betrunkener
Penner seinen offenen Armbruch. Eine Frau kotzt daraufhin den Boden voll. Alles wie immer. Hallo, Berlin.

Als ich meine Wohnungstür aufschließe, sauge ich
den bekannten Geruch von Zuhause ein. Dann fällt
mein Blick auf die Gitarre, die an die Heizung gelehnt
dasteht. Mit dem Gesicht zur Wand, als ob sie mir nicht
mehr in die Augen schauen mag. Als ob sie bibbernd
darauf wartet, von mir in tausend Stücke zerschlagen
zu werden. Aber so sehr ich in mir wühle, die Wut ist
weg.

Du gehörst hier nicht mehr hin, denke ich und hebe die Gitarre fast zärtlich hoch, um sie draußen an die Straße zu stellen. Gute Reise, flüstere ich ihr zu, bevor ich mich umdrehe und sie hinter mir zurücklasse.

»Lieber Raúl,…«

»*Lieber Raúl,*
mit Spaß und großem Interesse verfolge ich seit
einiger Zeit deine Ideen und bewundere deinen
Mut, sie umzusetzen. Es wäre schön, wenn auch ich
ein paar Ideen einbringen könnte. Den Mut habe
ich auch! Mein Name ist Laura, ich habe Sozialpä-
dagogik studiert, texte seit einem dreiviertel Jahr in
einer Werbeagentur und bin Rollstuhlfahrerin. Darf
ich mal bei euch vorbeikommen? Wahrscheinlich
kann ich mit Ideen, Motivation, viel Humor und
Schreibtalent mitmachen und helfen.
Ich würde mich sehr freuen, von dir zu hören!
Herzliche Grüße,
Laura«

»*Liebe Laura,*
klar können wir uns treffen! Was hältst du von
morgen um 14 Uhr an der Weltuhr am Alex?
Liebe Grüße,
Raúl«

Raúls Nachricht erreicht mich nur wenige Stunden, nachdem ich meine Mail an ihn verschickt hatte. Pünktlich um 14:15 Uhr steige ich am nächsten Tag aus dem Aufzug der U5 am Alexanderplatz und nehme Kurs auf die Weltuhr. Ich erkenne Raúl in seinem schwarzen Elektrorollstuhl schon von Weitem. Sein großer Rucksack hängt hinter seiner Lehne. Er trägt einen Hut und ein schwarzes T-Shirt mit einem roten Stern vorne auf der Brust. Dem »Sozialheldenstern«. Der Stern ist das Symbol des Berliner Vereins »Sozialhelden«. Zusammen mit seinen Kollegen setzt sich Raúl seit 2004 für Barrierefreiheit und die Rechte von Menschen mit Behinderung ein. Mit kreativen Projekten versucht das Team, soziale Probleme in der Gesellschaft sichtbar zu machen und sie im Idealfall zu lösen. Das wohl bekannteste Projekt ist wheelmap.org – eine Online-Karte, auf der Orte wie Restaurants, Bars oder Arztpraxen auf ihre Rollstuhlgerechtigkeit geprüft und in einem einfachen Ampelsystem bewertet werden. Wird ein Ort »grün« markiert, soll er für Rollstuhlfahrer voll nutzbar sein, während eine rote Markierung wissen lässt, dass dieser Ort für Rollstuhlfahrer nicht barrierefrei zugänglich ist. Mir gefällt die lockere und ehrliche Art, mit der der Verein über seine Projekte und die jeweiligen Motivationen dahinter spricht. Vor allem Raúl fällt mir sehr angenehm und wohltuend auf, da ich mich in vielem, was er in seinen Videos und Texten über sich und seine Behinderung erzählt, wiederfinde. Und deshalb will ich ihn unbedingt kennenlernen!

»Hey, ich bin Laura«, grüße ich.

»Raúl. Hi.«

Ein breites Grinsen und eine Hand kommen mir entgegen. Im gleichen Moment vergesse ich die vielen Menschen mit ihren Fotoapparaten und Handys um uns herum. Es stimmt, was ich eben noch von einer Kollegin gehört hatte, als ich ihr erzählte, ich würde mich gleich mit Raúl Krauthausen treffen: »Oh, den hab ich mal bei Radio Fritz getroffen. Krasse Ausstrahlung!«

Wache und gütige Augen strahlen mich an. Ich lächle zurück und mein Bauch sagt mir, dass es mehr als unsere Behinderung sein wird, was uns verbindet. Wir entscheiden uns, zum James-Simon-Park ans Wasser zu fahren und dabei etwas Kühles zu trinken zu besorgen. Unterwegs registriere ich, wie viele Leute uns anglotzen, mustern und sich nach uns umdrehen, wie wir so nebeneinanderher fahren.

Im Laufe der Jahre habe ich gelernt, die auf mich gerichteten Blicke bewusst zu ignorieren. Ich habe mir angewöhnt, immer Kopfhörer zu tragen und singe zu Celine, Whitney oder Mariah im Kopf mit – oder manchmal auch laut. Ich baue mir eine akustische Schutzmauer um mich herum auf und will gar nicht wissen, wie oft ich von fremden Leuten angequatscht werde, ohne davon überhaupt etwas mitzubekommen. Oder wie viele Menschen mir wohl aufgrund meines Verhaltens unterstellen, ich sei plemplem. Weil ich entweder nicht auf sie reagiere oder mal wieder zu laut Houstons »I wanna dance with somebody« die Berliner Fahrradwege entlanggröle.

Aber hier neben Raúl mache ich eine ganz neue Erfahrung. Ich beobachte Leute dabei, wie sie Raúl beobachten. Einen Menschen, der sich, wie ich auch, anders als die meisten anderen Menschen fortbewegt und dessen Körper nicht der Norm entspricht. Auf einmal kann ich nachvollziehen, was mir meine Freunde immer wieder berichten, wenn sie mit mir zusammen unterwegs sind. Dass sie die Blicke, die Leute mir auf der Straße zuwerfen, als hochgradig unangenehm und oft als übergriffig empfinden.

Es ist heiß für einen Frühlingstag. Zum ersten Mal in diesem Jahr fahre ich eins meiner Sommerkleider spazieren und trage statt Sneakern Birkenstocks. Wir entscheiden uns für einen angenehm kühlen Platz im Schatten einer großen Eiche. Ein leichter Wind weht durch die grünen Blätter und lässt die Sonnenstrahlen funkelnd auf unseren Köpfen tanzen. Ich nehme einen Schluck von meiner Capri-Sonne und fange an zu erzählen. Über mein Studium in Holland, dass ich direkt im Anschluss weiter nach Neuseeland wollte, dass ich, als das nicht klappte, aus lauter Verzweiflung in einer Nacht- und Nebelaktion einen Praktikumsplatz in der Psychiatrie und eine Wohnung in Berlin klarmachte, wo ich bis heute versackt und nie wieder weggekommen bin. Ich erzähle von den vier besten Berufsjahren meines Lebens, die ich in der Psychiatrie mit »normalen« Menschen verbringen durfte. Was mir aber erst so richtig bewusst wurde, als ich mich dazu entschloss, etwas Neues auszuprobieren und mich in einer Werbeagentur in Berlin bewarb. Ich erzähle Raúl, dass ich zwar zufrieden bin, aber nicht glücklich und dass ich mir irgendwie mehr für mich selbst wünsche und das Gefühl nicht loswerde, dass da was fehlt in meinem Leben.

»Ich fühle mich noch nicht angekommen, wobei ich bezweifle, dass ich überhaupt ein Mensch bin, der jemals irgendwo ›ankommt‹.«

»Was meinst du damit?«, fragt Raúl.

Ich überlege und blinzle hoch zu den Sonnenstrahlen.

»Ich bin 29 Jahre alt und kann keinerlei Karriere vorweisen. Alles, was ich bisher begonnen habe, mache ich zwar gerne und auch gut, aber da ist immer diese tiefe Unruhe in mir. Eine Art Panik, dass ich auch in diesem Job nicht mein volles Potenzial auf den Tisch hauen und weiterentwickeln kann. Ich fange etwas an und überlege im gleichen Moment, was ich danach als Nächstes tun könnte.«

Raúl kratzt sich unter seinem Hut die Stirn und sagt: »Versteh' ich. Aber vielleicht ist das ja gar nicht schlimm.«

Ich zucke mit den Schultern und sage: »Eben! Vielleicht sieht genau so mein Leben aus. Und deshalb bin ich ab nächsten Monat raus aus der Agentur und starte eine Mediation- und Coachingausbildung!«

»Cool! Und für wie lange?«, lacht Raúl.

Wir beide lachen. Nach und nach wird unser Gespräch immer persönlicher. Ich erzähle ihm von meinen Freunden und meiner starken Familie, die ich über alles liebe. Ich schütte Raúl mein Herz aus und gestehe ihm meine Wut und Verzweiflung darüber, dass ich mir nach der Sache mit Ben nicht mehr sicher bin, überhaupt jemals den Richtigen zu finden.

Raúl hört mir aufmerksam zu. Ich warte darauf, dass er abwiegelt und mir Mut macht. Aber dann höre ich zum ersten Mal die bittere, aber mir schon immer bekannte Wahrheit aus dem Mund von jemandem, der es wissen und fühlen muss.

»Es ist der größte Scheiß!«, sagt Raúl und ich weiß sofort, was er meint.

Normalerweise bekomme ich nach verzweifelten Heul-Attacken zu hören: »Irgendwann kommt der Richtige!« Aber jetzt steht hier jemand vor mir, der mir endlich mal keine Hoffnung macht! Jemand, der nicht allgemeine Vermutungen aufstellt, dass ich einfach zu hohe Ansprüche an einen Partner habe und so niemals jemanden finden werde.

Hier sitzt jemand vor mir, der aus eigener Lebenserfahrung weiß, dass der Anspruch an einen Partner niemals wegen einer Behinderung heruntergeschraubt werden sollte. Der dabei aber der unangenehmen Tatsache ins Auge schaut, dass Menschen mit Behinderung, die trotzdem den gleichen, hohen Anspruch an eine Beziehung stellen wie gesunde Menschen, es immer schwerer haben werden, einen Mann oder eine Frau fürs Leben zu finden. Weil sie immer wieder gegen Vorurteile ankämpfen und schwerste Überzeugungsarbeit leisten müssen. Raúl ist der erste Mensch, der all meinen Frust, meine Verzweiflung und Wut versteht, weil er es selber genauso erlebt.

In mir drin beginnt etwas zu flattern, ganz aufgeregt und ängstlich. Ich bekomme einen roten Kopf und werde plötzlich verlegen, meide Raúls Blick und starre auf den Boden. Das Flattern in meinem Bauch wird stärker und drängender. Ich nehme all meinen Mut zusammen, hebe den Kopf und schaue Raúl direkt in die Augen. »Raúl, manchmal fühle ich mich mutterseelenallein auf diesem Planeten.«

Raúl schaut für einen kurzen Moment erstaunt, dann werden seine Augen ganz weich und wissend. Er fährt den letzten halben Meter, der noch zwischen uns liegt, auf mich zu und berührt meine Hand. Seine Hand ist kleiner und zarter als meine. Zögerlich nehme ich seine Hand in meine. Als ich seine Wärme spüre, fangen meine Augen an zu schwimmen und mit einer unbändigen Kraft fließt all der Schmerz aus mir heraus, der sich mit jedem Jahr tiefer in mich hineingefressen hat.

»Es ist so ungerecht«, schniefe ich und drehe den Kopf zur Seite, weil mir meine Tränen peinlich sind. Es ist kein lautes, wütendes Weinen, das aus meinem Körper sprudelt, wie wenn wieder mal etwas zu Ende geht oder erst gar nicht begonnen hat. Es sind leise Tränen, die aus einem Gefühl der Erleichterung über meine Wangen laufen. Eine so wohltuende Erleichterung, endlich einen Menschen bei mir zu haben, der nicht nur versucht, mich irgendwie zu verstehen, sondern wirklich fühlt, was ich fühle, weil er es selbst erlebt, tagtäglich. Es ist, als ob ich einen Teil meiner Last abgeben kann. Ich bin so erleichtert.

Und dann kommt die Wehmut. Raúl ist der erste

Mensch mit einer Behinderung, mit dem ich mehr als drei Sätze spreche. Ich war immer alleine. Egal, wo ich war, es gab dort immer nur mich, die eine Behinderung hatte. In der Schule, auf der Uni, im Arbeitsleben. Was ich dadurch alles schon verpasst habe, frage ich mich traurig. Wie gut hätte es mir getan, wenn ich schon viel früher auf diese Art mit Menschen, die ebenfalls mit einer körperlichen Behinderung leben, zusammenge- troffen wäre. Ich hätte mich austauschen können über Dinge, die diese Menschen genauso erfahren wie ich, weil auch sie behindert sind oder von anderen behin- dert werden. Warum bin ich diesen Menschen so lange aus dem Weg gegangen?!

Ich kenne die Antwort. Eine andere Person mit ei- ner Behinderung kennenzulernen ist immer auch eine Konfrontation mit sich selbst. Eine Konfrontation, der ich lange Zeit ganz bewusst aus dem Weg gegangen bin, weil ich noch nicht bereit dafür war, noch zu gro- ße Ängste davor hatte. Immer wieder musste ich mir in der Vergangenheit anhören, ich sollte doch endlich mal Kontakt zu »Gleichgesinnten« aufnehmen. Ärz- te empfahlen mir Selbsthilfegruppen, zu denen ich im Leben nicht gehen wollte und wenn mir jemand von einem guten Freund erzählte, der auch eine Behinde- rung hatte und zu dem ich unbedingt mal Kontakt aufnehmen sollte, winkte ich dankend ab. Mich über- forderte das alles. Mir reichte schon meine eigene Be- hinderung. Und außerdem konnte ich es noch nie lei- den, wenn sich andere Leute in mein Leben einmischen wollen. Dementsprechend neige ich dazu, immer genau das Gegenteil von dem zu machen, was man von mir erwartet.

Aber gestern Raúl zu schreiben war meine eigene Entscheidung gewesen. Ich bin endlich bereit, jemanden in mein Leben zu lassen, der meine eigene Wahrnehmung bestätigt und mich dadurch mit Ängsten, Fragen und anderen Wahrheiten, die um so eine Behinderung kreisen, konfrontiert. Ich will mich mit mir selbst konfrontieren.

Mein Herz schlägt mir bis zum Hals und auf einmal verstehe ich, dass es noch viel mehr rauszuholen gibt aus dieser Behinderung, die für viele so böse, schlecht und unangenehm ist.

»Krass, die Sonne geht schon unter!«, stellt Raúl fest, als wir nach langem Erzählen, Lachen und Weinen noch immer unter der dicken Eiche stehen. Ich ziehe gluckernd den letzten Schluck Capri-Sonne durch meinen Strohhalm.

»Hast du Lust, noch ein bisschen spazieren zu fahren?«, frage ich.

»Klar!«

Die Erde strahlt noch immer die Wärme des Tages ab. Ich bin erschöpft, aber in mir drin ist es ruhig und friedlich. Wie die wohltuende Stille nach einem tosenden Sturm. Etwas hat sich in mir verändert, für immer. Schweigend fahren wir nebeneinander durch die Dämmerung der Stadt.

Jetzt weiß ich, ich bin nicht allein.

Blicke

»Es fühlt sich an, als ob ich permanent auf einer Bühne stehen würde, ganz alleine. Und ich bekomme immer dann Applaus, wenn ich es gar nicht erwarte«, erzähle ich meinem guten Freund Jan, als er mich zum
ersten Mal in all den zwanzig Jahren unserer Freundschaft fragt, wie ich eigentlich die Blicke der Leute auf
mich wahrnehme.

Jan ist mein ältester und bester Freund, wir kennen
uns seit der Schulzeit. Jan fiel mir zum ersten Mal auf,
als er empört hinter mir vom Stuhl aufsprang und unsere Geschichtslehrerin anschnauzte, direkt nachdem
sie mich vor der ganzen Klasse als »Nazikind« bezeich-
net hatte, nur weil ich Hitlers Geburtsdatum auswendig wusste. Jan ist die Art von Freund, mit dem mir
niemals die Gesprächsthemen ausgehen. Wir können
uns 100-mal über das gleiche Thema unterhalten, auf
100 verschiedene Arten. Komischerweise war meine
Behinderung nie wirklich ein Thema zwischen uns. Genau wie ich, ist auch Jan mit meiner Behinderung groß
geworden. Sie war einfach da und das war okay. Erst
in den letzten Jahren haben wir angefangen, intensiver
über mein Leben mit Behinderung zu sprechen. Wohl

auch, weil ich es selbst immer mehr zu einem zentralen Thema in meinem Leben mache. So wie heute. Wir sitzen zusammen bei mir auf der Straße in Friedrichshain und essen Eis. Es ist warm, viele Leute schlendern durch die Stadt und ziehen ihre Besorgungen in die Länge, nur um nicht wieder in die dunklen, kalten Häuser zurückzumüssen. Und je mehr Menschen draußen unterwegs sind, desto mehr Blicke werden mir zugeworfen.

Verlasse ich das Haus, werde ich angeschaut. Ich fahre Rollstuhl und betrete somit automatisch eine Art Bühne, sobald ich mich in der Öffentlichkeit bewege. Ich schließe die Haustür hinter mir, gehe raus und gestalte meinen Alltag, wie alle anderen auch. Ich fahre zur Arbeit, gehe einkaufen und treffe mich mit Freunden im Restaurant.

»Aber vielleicht gucken die Leute auch einfach nur, weil du hübsch bist?«, grinst Jan frech.

»Ja, das mag sein, aber es ist komplizierter als das«, beginne ich zu erzählen. »Ich verurteile niemanden, der mich länger als drei Sekunden anschaut oder zweimal häufiger in meine Richtung schielen muss, wenn ich im Café oder in der U-Bahn sitze. Aber ich glaube, dass ich in den zehn Jahren meiner Rollstuhl-Laufbahn und während der Jahre davor als Gehbehinderte genug Erfahrung gesammelt habe, um die Blicke in ihrer sehr unterschiedlichen Art einordnen zu können. Ich bilde mir ein zu sehen, aus welcher Motivation heraus ich angeschaut werde: Ob jemand glotzt, weil er davon fasziniert ist, dass ich im Rollstuhl sitze. Ob jemand mich schockiert anstarrt, weil ich in seinen Augen ein Alien bin. Ob jemand zweimal gucken muss, weil er mich hübsch findet und von meinem Dekolleté begeistert ist. Ob jemand einfach nur an meinem Handbike interessiert ist oder ob jemand alles das gleichzeitig denkt ...«

»Okay, das verstehe ich«, sagt Jan und fragt weiter: »Und was sind das dann genau für Blicke?«

Der erschrockene Blick

Ja, ich habe einen rasanten Fahrstil. Es kommt schon mal vor, dass ich Leute aus Versehen streife, wenn sie langsam vor mir her gehen, unvermittelt mitten auf dem Gehweg stehen bleiben oder mit fünf Leuten nebeneinander die ganze Breite des Bürgersteigs einnehmen. Der ganz normale Alltag auf Berlins Straßen. Menschen überholen sich, suchen sich Wege und Schlupflöcher durch Menschenmengen und streifen unwillkürlich die anderen, wenn's mal zu eng wird. Das alles ist so normal und alltäglich, dass keiner dieser laufenden Menschen auch nur einen Gedanken daran verschwendet, geschweige denn ein ganzes Buchkapitel darüber schreiben würde.

Bei mir ist das anders. Ganz einfach, weil ich es als Rollstuhlfahrerin in Momenten des Streifens, Überholens oder Drängelns mit äußerst interessanten Reaktionen meiner Mitmenschen zu tun bekomme, die wirklich erzählenswert sind.

Der »erschrockene Blick« wird mir genau in dem Moment des Streifens oder ruppigen Drängelns zuteil. Was ja an sich nicht außergewöhnlich ist. Auch ich würde erschrocken gucken, wenn mir plötzlich jemand von hinten in die Hacken fährt. Da ich seit über sieben Jahren in Berlin lebe und jegliche Ruppigkeit, die den Berlinern unterstellt wird, schon längst übernommen habe, wäre ich nicht nur erschrocken, sondern auch stinksauer, was ich mit einem: »Ey, Hallo, geht's noch?«, lautstark zum Ausdruck bringen würde.

Bin ich jedoch diejenige, die jemandem aus Versehen ein Vorderrad in die Fersen rammt oder die Hüfte eines Passanten mit einer Schulter streift, dreht sich dieser jemand zwar ruckartig um und ärgerliche, zum Teil sogar aggressive Blicke suchen mich – vergebens – auf Augenhöhe. Wenn mich derjenige aber in der nächsten Sekunde ein Stockwerk tiefer entdeckt, verschwindet schlagartig jegliches Ärgernis aus seinem Gesicht. Zurück bleibt ein erschrockener Blick, der sich oft sogar noch in einen verständnisvollen verwandelt. Das ist ziemlich enttäuschend für mich, denn während ich mich schon auf eine feine Pöbelei freue, wird der verständnisvolle Blick oft noch durch eine Entschuldigung getoppt!

Jan lacht ungläubig auf. »Die Leute entschuldigen sich bei dir unter Schmerzen, obwohl du sie angefahren hast?!« Er fasst sich an den Knöchel und presst mit schmerzverzerrtem Gesicht heraus: »Bitte entschuldigen Sie, dass ich im Weg stand – so etwa?!«

Wir lachen laut und ich erwidere: »Ja, genau so! Dabei war ich doch der Arsch! Und dann bleibe ich als frustrierte und nicht ernst genommene Rollstuhlfahrerin zurück ...«

»Bist du immerhin so gnädig und nimmst die Entschuldigung an?«, will Jan wissen.

»Na logo!«, antworte ich. »An einem einzigen Tag hab' ich mal vier Leute angefahren. Okay, ich war auf einem Festival, da kommt so was schon mal vor. Aber alle haben sich bei mir entschuldigt und ich habe ihnen gnädig verziehen!«

»Also, wenn du mir mit Absicht über die Füße rollst, verpass' ich dir den Anschiss des Jahrhunderts!«, droht mir Jan und ich antworte erleichtert: »Na, hoffentlich!«

Der geschockte Blick

Neben »rasant« kann ich aber auch ganz »gediegen« durch die Straßen flanieren. Immer dann, wenn ich nicht in Eile bin, genieße ich das Bummeln durch meine Stadt. Ich gucke in Schaufenster, beobachte Menschen, höre dabei Musik und freue mich über mein Leben. Leute, die ebenfalls gemütlich vor mir her gehen, machen mir nichts aus. Ich habe Zeit und es stört mich nicht, mich ihrem Tempo anzupassen. Sollte ich dennoch das Bedürfnis haben zu überholen, frage ich freundlich nach einer Lücke zum Durchhuschen.

Doch immer dann, wenn ich es bin, die als Erste von meinen Vorgängern bemerkt wird, auch wenn ich keinerlei Anstalten zum Überholen mache, springen die Leute beinah panisch zur Seite. Besonders schlimm sind Pärchen, wo mich zum Beispiel er von hinten bemerkt und meint, seine Partnerin vor mir wegziehen zu müssen –

an der Jacke zerrend oder am Arm reißend. In ihren geschockten Blicken spiegelt sich so etwas wie Todesangst. Die Angst, ich könnte alles und jeden mit meinem Rollstuhl überfahren und ein Feld der Verwüstung hinterlassen, mit blutenden Menschenkörpern, übersät mit Profilabdrücken meiner Rollstuhl-Reifen. Als ob ich mein Gerät nicht unter Kontrolle hätte! Ich fahre seit meinem 22. Lebensjahr Rollstuhl und Handbike. Beides habe ich inzwischen ganz gut drauf (es sei denn, ich hab' einen sitzen, was natürlich auch mal vorkommen kann …).

Solche panischen Ausweichmanöver sind völlig unnötig und manchmal sogar gefährlich. Einmal knallte ein Passant schmerzhaft vor einen Baum, als er mir unaufgefordert den Weg frei machen wollte. Das war auch für mich nicht ohne, da ich mich vor Lachen nicht mehr halten konnte und selbst fast einen Laternenmast geküsst hätte.

Fairerweise muss ich an dieser Stelle sagen, dass mein Handbike, das ich mit zwei Handgriffen vor meinen Rollstuhl koppeln kann und mit dem ich mich auf den Straßen bewege, Geräusche macht. Im Rad befindet sich ein Motor, von dem ich mich gerne mal ziehen lasse und dieser Motor gibt ein leises Brummen von sich. Es mag sein, dass Menschen dadurch irritiert sind und das Geräusch als Aufforderung, schnell Platz zu machen, interpretieren. Aber dem ist nicht so. Wenn ich vorbei möchte, benutze ich höflich meine Stimme.

Für mich fühlt sich dieser erschrockene Blick so an, als ob ich nicht zurechnungsfähig wäre, erzähle ich Jan. »Manchmal habe ich das Gefühl, dass ich aufgrund meines Rollstuhls völlig verkannt werde. Gestern zum

Beispiel: Ich fahre ganz gemütlich und ohne Eile hinter einer Gruppe von Leuten, als plötzlich jemand hinter mir der Gruppe vor mir laut zuruft: ›Achtung! Ein Rollstuhl! Achtung, bitte!‹«

Jan lacht laut auf und auch mir wird die Komik der Situation erst jetzt so richtig bewusst. Grinsend fahre ich fort: »In dem Moment dreht sich die ganze Gruppe erschrocken zu mir um, sieht mich irritiert an und teilt sich wie angeblich Moses damals das Wasser, in zwei Hälften, um mich durchzulassen. Ey, das war so peinlich! Ich konnte nicht schnell genug von da wegkommen.«

»Geil, Laura! Du solltest auch damit anfangen, alle laufenden Menschen zu bevormunden und zu rufen: ›Achtung! Ein Geher! Bitte Vorsicht, ein Geher!‹« Lachend bearbeiten wir weiter unsere Eiskugeln.

»Wobei, die Leute wollen doch in dem Moment nur nett und höflich sein und dir den Weg frei machen«, überlegt Jan weiter. Ich beiße ein großes Stück kaltes Eis ab und schmatze mit vollem Mund: »Ja, sicher. Aber sind sie denn zu jedem anderen auch so nett und springen mit geschocktem Blick ins nächste Gebüsch?! Oder machen sie das nur, weil ich behindert bin und in einem Rollstuhl sitze?«

Der mitleidige Blick

Das ist ein Blick, der mich wütend und machtlos zurücklässt. Dieser Blick, bei dem die Menschen betroffen ihre Augenbrauen zusammenziehen und sich mit schmalen Lippen ein mitleidiges Lächeln abringen. Ein widerlicher Blick, der mir vermittelt, dass ich eine ziemlich arme Sau bin.

Und während ich früher alles dafür getan habe, Menschen vom Gegenteil zu überzeugen, indem ich ihnen mit euphorischem Unterton erzählte, dass mir meine Behinderung überhaupt nichts ausmacht und ich trotz ihr ein super tolles Leben führen kann, machen mich diese mitleidigen Blicke heute einfach nur noch sauer.

Wird mir Mitleid entgegengebracht, geht dem immer die Annahme voraus, dass ich leide. Eine mir völlig unbekannte Person maßt sich also an, ein Urteil über mein Leben zu fällen und stempelt mich zum Opfer ab. Wieso Leute das tun, kann ich mir nur schwer erklären.

Vielleicht geraten viele Menschen bei meinem Anblick in Versuchung, ihre eigene Lebensrealität mit der meinen (oder mit der, die sie dafür halten) zu vergleichen. Ich kenne das von mir selbst und natürlich komme auch ich nicht immer um vorurteilsbehaftetes Denken herum. Ich verstehe, dass vielen Menschen Fragen, wie: »Was würde ich tun, wenn ich im Rollstuhl sitzen würde?«, oder »Wie würde mein Leben aussehen?«, bei meinem Anblick durch den Kopf schießen. Möglicherweise gefolgt von Antworten, wie: »Nein, ich könnte so nicht leben«, oder »Lieber sterbe ich, als im Rollstuhl zu sitzen«.

Bis heute ist nicht geklärt, ob es sich beim Mitleid um ein angeborenes Gefühl handelt oder ob dieses Gefühl kulturell bedingt ist. Infolgedessen steht ebenfalls im Raum, ob das Mitleid als eine Emotion oder vielmehr als eine gelernte Einstellung betrachtet werden muss. Beziehe ich mich auf die hier oben beschriebene Situation, liegt die Annahme nahe, dass es sich um ein kulturell bedingtes Gefühl handelt. Eine Emotion, die uns anerzogen wird und durch Dinge, wie zum Beispiel mitleidserregende Berichterstattung über Menschen mit Behinderung, noch verstärkt und bestätigt wird.

Seit Jahrzehnten werden Menschen mit körperlich und kognitiven Behinderungen als Opfer deklariert. Es sind Menschen, die in Einrichtungen leben müssen und auf Hilfe angewiesen sind. Es sind die Eingeschränkten, die Kranken, die Passiven. Und weil uns von Beginn an eingebläut wird, dass die Gesundheit im Leben das höchste Gut ist und man immer gesund sein und funktionieren muss, um die nötige gesellschaftliche Akzeptanz und politischen Rechte zu bekommen, wird ein nicht perfekter Körper als etwas Negatives und Bemitleidenswertes angesehen. Ein völlig verzerrtes Bild der Realität vieler Behinderter, die autark ihr Leben leben.

Ich schaue Jan an. »Ich habe das frustrierende Gefühl, hier gegen etwas anzukämpfen, was ich nicht selbst verschuldet habe.«

»Das verstehe ich, aber letztendlich fühlen die Leute doch nur mit dir oder meinen zumindest, es zu tun. Das ist doch erst mal eine nette Geste, oder?«, findet Jan.

»Manchmal glaube ich, dass die Leute ein schlechtes Gewissen mir gegenüber haben und deshalb diesen mitleidigen Blick auffahren«, antworte ich.

»Schlechtes Gewissen?« Jan guckt mich verständnislos an.

»Ja, ein schlechtes Gewissen, weil ich behindert bin, von der Natur ›benachteiligt‹ wurde – und sie eben nicht«, erkläre ich. »Wenn ich zum Beispiel aus der U5 am Alex steige und dann auf den Aufzug warte, während die anderen Fahrgäste aus der U-Bahn neben mir die Treppen hochlaufen, dann begegnet mir dieser Blick! Diese zusammengepressten Lippen, die ein künstliches Lächeln andeuten, das mir sagen soll: ›Ey sorry, dass ich hier jetzt die Treppe nehme und dass ich laufen kann und du nicht!‹«

»Ja klar, weil da die Unsicherheit hochkommt. Vielleicht fragt man sich dann auch als Läufer, ob das jetzt fies für dich ist, wenn neben dir alle die Treppen hochspringen«, entgegnet Jan.

»Genau, deswegen heul' ich ja auch jeden Abend in mein Kissen«, antworte ich ironisch. »Nein, mal im Ernst. Die Unsicherheit mir gegenüber merke ich natürlich. Besonders dann, wenn mir total aufdringlich Hilfe angeboten wird. So, als ob man dieses schlechte Gewissen mir gegenüber nur so loswerden könnte.«

»Hm, also ich habe dir gegenüber kein schlechtes Gewissen«, sagt Jan ehrlich.

Ich lächle ihn an. »Weil du mich kennst. Du kennst meine Lebensgeschichte, meinen Lebensstil und meine Einstellung zu alldem. Du weißt, dass ich nicht leide wegen meiner Behinderung und deshalb hast du keinen Grund, mit mir zu leiden.«

Jan guckt mich verschlagen an. »Manchmal bin ich sogar neidisch auf dich.«

»Neidisch?« Im ersten Moment bin ich irritiert, aber ich kenne Jans schwarzen Humor. Dementsprechend hebe ich nur abwartend eine Augenbraue.

»Na, denk mal an deinen ›Behindertenbonus‹ – im Parkhaus!«

Jan lacht mich frech an und ich rolle mit den Augen. Er weiß, womit er mich am meisten nerven kann. Betont geduldig erkläre ich es ihm, ein letztes Mal. »Das hat überhaupt nichts mit einem Bonus zu tun. In einem Parkhaus mit 500 Plätzen gibt es ganze fünf, die ich benutzen kann. Es sind genau diese fünf Plätze, die es mir und anderen Mobilitätseingeschränkten möglich machen, die Autotüren weit zu öffnen, den Rollstuhl daneben zu parken und auszusteigen. Es handelt sich hierbei nicht um einen Vorteil oder einen Behindertenbonus, sondern um meinen ›Nachteilsausgleich‹.«

Jan lacht immer noch. Ich hasse ihn. Dann reißt er sich zusammen: »Also, ich liebe deinen Behin...- also, deinen ›Nachteilsausgleich‹! Besonders, wenn wir am Wochenende ins Kino fahren!«

Der ignorierende Blick

Es ist der vielleicht interessanteste Blick von allen. Der Blick, bei dem bewusst weggeguckt wird, der also eigentlich gar nicht bis zu mir vordringen soll. Ich glaube, dass manche den Blick auf Behinderte meiden, weil sie Elend und Krankheit mit Behinderung gleichsetzen und damit nicht konfrontiert werden wollen. Dass man eine Behinderung erwirbt, kann jedem jederzeit passieren. Eine beängstigende Vorstellung, vor der man lieber die Augen verschließt. Im wahrsten Sinne des Wortes.

Bin ich mit einer Freundin oder einem Freund unterwegs und möchte zwei Kinokarten kaufen, wird sehr oft meiner Begleitung die Frage beantwortet, die ich gerade gestellt habe. Erkundige ich mich in einer fremden Stadt nach dem Weg, bekommt meine Freundin die Wegbeschreibung erklärt. Meine Anwesenheit wird ganz offensichtlich ausgeblendet, so, als existierte ich gar nicht. Eine Ignoranz, die im schlimmsten Fall ihren traurigen Höhepunkt findet, wenn in Anwesenheit meiner Person über mich geredet wird, anstatt mit mir. Darauf reagiere ich äußerst aggressiv, da ich schon als Kind und Jugendliche die erniedrigende Erfahrung machen musste, dass viele Ärzte über meinen Kopf hinweg mit meinen Eltern über mich, mein Leben und meinen Körper sprachen, während ich, nur in Unterhose, danebenstand und nicht beachtet wurde. Es ist ein Verhalten, das mich als Mensch in meiner Würde sehr verletzt.

Man könnte den ignorierenden Blick auch den »verbissenen Blick« nennen, denn oft »übersehen« mich die Leute, denen früher eingetrichtert wurde: »Behinderte guckt man nicht an!«, und die dabei hektisch von ihren Eltern weggezogen wurden. Es sind die Menschen, die nie in ihrem Leben durch alltägliche Begegnungen mit Behinderung konfrontiert worden sind. Das ist sehr schade, weil diesen Menschen viele gute und bereichernde Erfahrungen durch die Lappen gegangen sind.

Behinderung ist ein wichtiger Teil für die Vielfalt unserer Gesellschaft. Auch wenn mir immer noch deutsche Gesetze vermitteln, dass ich aufgrund meiner Behinderung nicht gleichgestellt bin mit Menschen ohne Behinderung, fühle ich mich gleichauf mit allen anderen und verstehe mich als Teil dieser Gesellschaft. Und ich hoffe, dass das auch irgendwann diejenigen verstehen, die vor Menschen wie mir die Augen verschließen.

Der anerkennende Blick

Manchmal bin ich hin- und hergerissen und frage mich, was eigentlich mehr wehtut: Die Ignoranz oder die Überbetonung meiner Behinderung?

Immer wieder passiert es, dass mir, auf sehr aufdringliche Art und Weise, Hilfe angeboten, bzw. aufgezwungen wird. Ich werde ungefragt angefasst oder aus dem Nichts heraus geschoben. Diese aufdringliche Nähe soll mir signalisieren, dass mein Gegenüber keinerlei Berührungsängste hat. Eine politische Überkorrektheit, die nicht nur zum Kotzen ist, sondern oft noch in begeisterten Ausrufen und bewundernden Blicken gipfelt.

»Toll, dass Sie trotzdem rausgehen!«, oder »Sie inspirieren mich«, sind Sprüche, die ich seit meiner Rollstuhl-Laufbahn oft höre. Leute, die ich noch nie zuvor gesehen habe, schauen mich lächelnd an und fragen mich, ohne einen Hauch von Scham, warum ich denn im Rollstuhl säße und ob es »im Bett denn noch funktioniere?« Sie unterstellen mir einen »ganz besonderen Lebensmut«, bezeichnen mich als »Heldin«, die »trotz ihrer Behinderung einkaufen geht«, glorifizieren mich als »Mutmacherin« oder betiteln mich als »große Inspiration«.

Und wenn ich ihre zweifelhaften Komplimente nicht gutheiße und ihnen stattdessen deutlich zu verstehen gebe, dass ich mich durch sie zum Objekt gemacht fühle, sind sie furzbeleidigt.

Solche »Komplimente« haben einen sehr schalen Beigeschmack. Sie vermitteln mir, dass ich als Mensch nicht ernst genommen werde, da man mich für etwas auszeichnet, für das ich nichts kann, für das ich nichts geleistet habe.

Ich bin keine Mutmacherin, nur weil ich mit einem Rollstuhl durch die Gegend fahre.

Wenn ich einen längeren Arbeitsweg habe als meine laufenden Kollegen, weil ich für einen Aufzug zwei Haltestellen früher aussteigen und den Rest zu Fuß zurücklegen muss, und wenn ich es trotzdem pünktlich zur Arbeit schaffe, dann hat das nichts mit Inspiration zu tun, sondern mit Disziplin. Disziplin, die ich brauche, um die fehlende Barrierefreiheit im öffentlichen Nahverkehr mit mehr Zeit auszugleichen.

Dass es umständlich aussieht, wenn ich an der Kasse im Supermarkt zwei schwere Rucksäcke an mir und meinem Rollstuhl befestige und so bepackt im Schneckentempo nach Hause rolle, hat damit zu tun, dass es das verdammt noch mal auch ist. Ich bekomme von der Krankenkasse keine Assistenz für solche Aktivitäten zur Seite gestellt und so muss ich den ganzen Mist alleine schleppen. Deswegen bin ich aber noch lange keine Heldin, sondern lediglich eine behinderte Frau, die Geld verdient und Lebensmittel zum Essen kauft und die dann irgendwie nach Hause transportiert. Aus dem einfachen Grund, weil ihr nicht die gleichen Rechte zuteilwerden, wie sie Menschen ohne Einschränkung genießen.

Ich möchte nicht, dass meine Behinderung durch solche Blicke und Äußerungen bagatellisiert wird. Denn damit werden auch all die Probleme und Diskriminierungen, die ich durch meine Behinderung erfahre, klein gemacht oder schlimmer noch, unter den Teppich gekehrt.

»Klar, ich verstehe, dass dich das nervt, weil du damit ausschließlich auf deine Behinderung reduziert wirst. Deine Behinderung macht dich schwach, dementsprechend musst du also übermenschliche Kräfte besitzen, um das auszugleichen. Aber trotzdem, ich persönlich finde dich auch sehr mutig und stark«, entgegnet mir Jan und ich gebe ihm recht.

»Ich glaube auch, dass ich das alles bin und mal ehrlich – es ist auch nicht immer ein Zuckerschlecken, mit einer Behinderung durchs Leben zu kommen. Mein Alltag kostet mich wahrscheinlich mehr Kraft als dich deiner. Aber darum geht es nicht.«

Jan nickt. »Ja, ich verstehe, es geht um die Unterstellung, richtig?«

»Genau! Viele haben das Vorurteil, Behinderung mache per se schwach. Das mag ja auch durchaus bei manchen zutreffen. Aber ich finde, man sollte versuchen, sich von Stereotypen einmal zu lösen. Jeder Mensch ist anders und jeder behinderte Mensch auch.«

Ich erkläre Jan, dass ich mir durchaus Anerkennung für meine tatsächlich erbrachten Leistungen wünsche. Man darf mir gerne lobend auf die Schulter klopfen, wenn ich einen netten Vortrag gehalten, einen coolen Text geschrieben oder laut und emotional eine Strophe von Celine Dion gesungen habe. Aber dafür, dass ich im Rollstuhl sitze, kann ich nichts und dementsprechend möchte ich dafür auch keine Anerkennung.

Das Glotzen

Ich bin ein neugieriger Mensch. Wenn ich etwas Neues oder Ungewöhnliches sehe, ist meine erste Reaktion, genauer hinzuschauen. Erst einmal kurz, vielleicht ein zweites Mal länger. Aber was ich mir immer verbiete, ist in den »Glotzer-Modus« zu verfallen. Ein Blick, bei dem jeglicher Ausdruck aus dem Gesicht verschwindet, die Kinnlade schlaff nach unten klappt und die Augen weit aufgerissen werden. Ein Blick, der nicht nach ein, zwei Sekunden aufhört, sondern einfach non-stop weitergeht. Es sei denn, er wird durch einen Impuls von außen unterbrochen. Es ist ein entscheidender Unterschied, ob man interessiert guckt oder sinnentleert glotzt. Wenn ich auf mein Leben als Mädchen und Frau mit Behinderung zurückschaue, stelle ich überrascht fest, dass ich früher viel häufiger von Erwachsenen und Kindern angeglotzt wurde. Früher hinkte ich und knickte mit dem linken Hüftknochen bei jedem Schritt etwas ein. Das fiel natürlich auf und oft fühlte ich mich wie auf einem Präsentierteller. Im Rollstuhl ist es etwas anders. Ich fühle mich sicherer. Nicht nur, weil er mir Mobilität und Schnelligkeit verschafft, sondern weil er mich mit seinem starken Rahmen auch besser zu schützen scheint. Ich stehe nicht mehr wackelig und hinkend zwischen aufrecht herumlaufenden Menschen, sondern sitze, außer Konkurrenz »laufend«, fest in meinem Rollstuhl.

»Oh ja, die gute, alte Schulzeit, als dich die Weiber aus der Parallelklasse ständig nachgeäfft haben«, erinnert sich Jan.

»Oh ja, das war hart. Solche Muschis«, pruste ich und schmeiße den Rest meiner Eiswaffel ins Gebüsch neben uns.

»Gott sei Dank hat diese Schikane durch den Rollstuhl endlich ein Ende. Jetzt wird nur noch geglotzt, nicht mehr geäfft.«

»Aber Kinder gibt es ja immer noch«, ergänzt Jan.

»Ja, leider«, stelle ich ernüchtert fest, während Jan verschwörerisch lacht.

»Ich hasse Kinder«, sage ich, nur um noch mal ganz sicher zu gehen, dass er das auch weiß.

»Ja, das sagst du immer. Aber warum eigentlich?«

»Jan, ich bin völlig traumatisiert! Wenn ich Kinderstimmen höre, fängt mein linkes Augenlid an zu zucken«, erkläre ich mit Nachdruck. »Diese kleinen, unberechenbaren Biester! Und die Eltern erst! Boah, nä!«

»Aber alle Kinder fahren voll auf dich ab«, beschwichtigt mich Jan. Da hat er recht. Kinder fliegen auf mich und ich habe nicht den leisesten Schimmer, warum das so ist. Vielleicht liegt es an meinem extrem bösen Blick, mit dem ich versuche, Kindern zu begegnen. Meistens scheitere ich damit kläglich und sie bekommen dann doch noch mein Lächeln zu sehen. Vielleicht ist es diese krampfhafte Strenge, die Kinder anziehend finden, weil sie dahinter meine eigene Unsicherheit erahnen.

»Ich hasse Kinder!«, beschwöre ich weiter. »Sie brüllen über die ganze Straße: ›Maaamaaa, was hat denn die Frau da?!‹ Und zeigen mit ihren nackten Sabberfingern auf mich. Und dann kommen die auch noch zu mir und stellen Fragen, wie: ›Warum kannst du nicht laufen???‹ – ›Weil ich schwache Beine habe.‹ – ›Waruuum hast du schwache Beine???‹ – ›Manche Menschen haben schwache Beine, manche starke Beine, genauso, wie es große und kleine Menschen gibt‹. – ›Bist du auch ganz klein???‹ Das hört niemals auf, niemals! Ich hasse Kinder!«

»Aber es ist doch ganz normal, dass Kinder neugierig sind und Fragen stellen«, sagt Jan.

Ich nicke etwas unwillig. Natürlich müssen sich gerade Kinder alles anschauen und erfragen und ihre Umwelt erforschen. Die Erfahrung, dass Kinder aber auch gnadenlos gucken, intime Fragen stellen und in Wunden bohren, musste ich schon sehr früh machen und wenn man selbst noch ein Kind ist, fühlt man sich dabei unwohl und ausgeliefert. Der Hohn, den ich von anderen Kindern oft abbekam, sitzt heute noch tief. Darauf gründet mein Kinderhass. Na ja, zumindest stehe ich ihnen sehr zwiegespalten gegenüber. Vielleicht komme ich auch besser mit Kindern aus, als ich es gerne zugeben mag, aber trotzdem sehe ich es nicht als meine Aufgabe an, Kinder anderer Leute zu erziehen. Würden sich Eltern mehr dafür einsetzen, dass behinderte und nichtbehinderte Kinder gemeinsam Kindergärten und Schulen besuchten, würde das entsetzte Geschrei, das laute und verständnislose Lachen und das nervige Fragengebohre weniger werden. Einfach, weil Kinder dann daran gewöhnt wären, dass nicht alle Menschen gleich sind.

Im gesellschaftlichen Bild sind Menschen mit Behinderung wenig bis gar nicht präsent. Das kann unterschiedlichste Gründe haben. Bauliche Barrieren, wie zum Beispiel Stufen oder zu enge oder zu schwere Türen, Gesetzeslagen, die Behinderte vom ersten Arbeitsmarkt fernhalten oder Vorurteile, die den Weg zur Inklusion behindern, machen es Menschen mit Behinderung schwerer, am gesellschaftlichen und sozialen Leben teilzunehmen. Das Bild eines Menschen mit Behinderung ist für viele ein noch ungewöhnliches, nicht gesellschaftlich verankertes Bild. An meinem Gymnasium war ich das einzige Kind, das eine Behinderung hatte. An meiner Universität konnte ich die Studierenden mit einer sichtbaren Behinderung an einer Hand abzählen. Und wenn ich abends feiern gehe, frage ich mich oft, wo all die anderen Frauen und Männer mit Behinderung nur stecken.

Es wundert mich somit nicht, dass die Neugierde über meine Erscheinung als Frau im Rollstuhl in vielen Menschen geweckt wird. Und eben ganz besonders in Kindern. Und egal, wie sehr ich sie nun hasse oder auch nicht: Um Berührungsängste abzubauen, bzw. gar nicht erst entstehen zu lassen, werde ich auch weiterhin so geduldig wie möglich nervige Kinderfragen zu meinem Rollstuhl und dem »Wieso, Weshalb, Warum« ausführlich beantworten.

Ich habe mir mittlerweile ein anderes Umfeld geschaffen. Durch meine Begegnung mit Raúl hat sich in meinem Leben vieles verändert. Seit Kurzem bin ich offiziell selbstständig. Meine Mediation- und Coachingausbildung ist abgeschlossen und ich verdiene mit privaten Coaching-Sessions und als Redakteurin für »Leidmedien«, ein Projekt der Berliner Sozialhelden, das sich für eine klischeefreie mediale Berichterstattung von Menschen mit Behinderung einsetzt, mein Geld. Dort werde ich täglich mit den unterschiedlichsten Behinderungen konfrontiert. Menschen, die einen Rollstuhl benutzen, sehe ich oft. Nicht jeden Tag, aber vielleicht bin ich mir der Rollstuhlfahrer, die meine Wege so kreuzen, auch gar nicht mehr bewusst. Genauso wenig weckt es meine Aufmerksamkeit, wenn jemand mit einer starken Spastik meinen Weg kreuzt.

»Klar, weil das zu deinem Alltag gehört«, stellt Jan fest. »Genau. Oder glotzt du noch Behinderten hinterher, obwohl du mit mir groß geworden bist?«, frage ich.

»Nö, das ist nichts Außergewöhnliches für mich«, antwortet Jan.

»Siehst du! Wie geil wäre es, wenn jeder, schon von Kleinkindalter an, alltäglichen Kontakt mit behinderten Menschen hätte und dieses Miteinander völlig normal wäre?!«

Jan hält sein Gesicht in die Sonne und lächelt versonnen.

»Bier?«, fragt er.

Und ich bestätige: »Bier.«

Julian

Durch meinen Bruder Julian erlebte ich Liebe in ihrer reinsten Form.

Ich war zu Besuch bei meinen Eltern in Düsseldorf. Meine Tante und mein Onkel kamen ebenfalls und meine Eltern planten ein festliches Familienessen.

Immer wenn ich zuhause bin, holt meine Mutter auch meinen Bruder Julian für ein paar Tage zu uns.

Als Baby schien mein Bruder Julian zunächst völlig gesund zu sein. Doch dann, kurze Zeit nach der Geburt, blieb eine schwere Meningitis zunächst unerkannt, was viele Komplikationen nach sich zog. Als fünfjährige große Schwester war mir das alles egal, auch weil ich keine Vorstellung davon hatte, was Julians Diagnosen für sein und unser Leben bedeuten würden. Ich wollte endlich den kleinen, neuen Bruder zuhause haben, der mir schon so lange versprochen wurde. Ich wollte als große Schwester auf ihn aufpassen und ihn stolz meinen Freunden im Kindergarten präsentieren. Aber vor allem wollte ich endlich meine Mama zurück, die mit Julian viel Zeit im Krankenhaus verbrachte und nur selten zuhause war. Ich erinnere mich, dass meine Eltern oft weinten und mich meine Mutter nach langen Wochen im Krankenhaus einmal zur Seite nahm und mir sagte, dass es Julian gerade sehr schlecht ginge und er vielleicht nicht mehr nach Hause kommen würde. Vom Tod hatte ich damals noch wenig Vorstellung und empfand lediglich ein starkes Gefühl der Ungerechtigkeit. Warum wollte man mir meinen Bruder wieder wegnehmen, wo er noch nicht mal richtig da gewesen war?!

Julian ging es immer schlechter und die Ärzte sahen nur noch eine Lösung: ein Medikament mit heftigen Nebenwirkungen. Sie stellten meine Eltern vor die brutale Entscheidung: »Entweder, Sie nehmen die mögliche Taubheit in Kauf oder Ihr Kind geht hops.«

Julian ging nicht hops – er überlebte und die Gehörlosigkeit war für meine Eltern und für uns alle, im Vergleich zu Julians Tod, ein ziemlich guter Deal. Schon bald kam Julian nach Hause und wurde zu dem kleinen Bruder, den ich mir gewünscht hatte. Den ich liebte, mit dem ich stundenlang Lego spielte, schwimmen ging, der sich bis aufs Blut aufregte, wenn ich ihn ärgerte und dann zur größten Petze wurde, weswegen ich niemals aufhören konnte, ihn weiter zu ärgern. Bis heute. Was für ein Spaß.

Mit elf Jahren ging Julian auf ein Internat für Gehörlose und zog nach der Schule in eine betreute Wohngemeinschaft mit anderen Gehörlosen, die zusätzlich eine körperliche und/oder kognitive Behinderung haben. Dort lebt er noch immer, eine Stunde Autofahrt von unserem Elternhaus entfernt. Julian hat eine Lernbehinderung, ist schwerer Epileptiker und gehörlos.

Mein Bruder ist ein Mensch, der niemals auf den Gedanken kommen würde, jemandem absichtlich Schaden zuzufügen. Er kennt keine Missgunst, keine Boshaftigkeit oder Berechnung. Alles, was er will, ist Frieden, Harmonie und Ruhe. Am besten geht es ihm, wenn seine Familie um ihn herum ist, wenn er mit uns bastelt, Lego baut oder draußen Kettcar fährt. Julian liebt seine Mama über alles. Die beiden sind Seelenverwandte, die sich auch ohne Worte und blind verstehen.

Julian kann seine Grundbedürfnisse kommunizieren, ist aber nicht in der Lage »zu erzählen«. Dinge, die passieren, ihn traurig oder wütend gemacht haben, kann er nicht wiedergeben. Wenn er sagt, er sei traurig, muss man sich durchfragen, ihm die Würmer aus der Nase ziehen, um irgendwann eine Idee davon zu bekommen, was ihn genau traurig gemacht hat.

Julians kognitive Behinderung macht es ihm unmöglich, alleine zu leben. Sein Weg war somit vom Tag seiner Diagnose an vorherbestimmt. Er würde niemals alleine klarkommen können und wäre Zeit seines Lebens auf Hilfe angewiesen.

Julian kann seinen Alltag nicht alleine organisieren. Zwar kann er sich selbst ankleiden, geht ohne Hilfe duschen oder baden und auch sein Essen bereitet er sich selbst zu. Aber all das macht er nur, wenn er dazu von jemandem aufgefordert wird. Er kennt den Wert von Geld nicht. Wenn er vom Büdchen-Mann ein Überraschungsei möchte, weiß er, dass er ihm als Gegenleistung die Münze mit der Eins drauf geben muss. Und das ist auch schon alles, was er über Wirtschaft und Finanzen weiß.

Julians größte Behinderung ist nicht seine Gehörlosigkeit. Er spricht die Grundlage der deutschen Gebärdensprache und kann ein wenig von den Lippen lesen. Auch seine schwere Epilepsie ist nicht das größte Problem. Das, was Julian wirklich einschränkt und ihn daran hindert, bedingungslos am gesellschaftlichen Leben teilzunehmen, ist die Tatsache, dass er sich in einem Hilfesystem befindet, das ihm jegliche Art von Selbstbestimmung abspricht.

Mit den anderen Bewohnern des Wohnheims wird Julian morgens um 6:30 Uhr geweckt und mit einem dieser typischen Behinderten-Transporter in eine Werkstatt für Behinderte gefahren. Von 8:00 Uhr bis 16:00 Uhr ist Schicht. In dieser Zeit werden Schrauben sortiert und in kleine Säckchen gepackt, Haarfärbemittel plus Zubehör in die Verpackungen gesteckt oder Müll recycelt. Dabei werden die Behinderten von Frauen und Männern mit einer heilerziehungspflegerischen Ausbildung betreut, die schauen, dass die Behinderten ihren Job auch richtig ausüben.

Heilerziehungspfleger – ganz ehrlich, so eine Berufsbezeichnung hat in meinen Augen herzlich wenig mit Inklusion zu tun, da es in diesem Bereich weder um »Heilung«, noch um »Erziehung« oder »Pflege« geht. Keinem Menschen mit Behinderung sollte mit dieser Haltung begegnet werden. Vielmehr geht es um Akzeptanz, das Bewahren von Menschenrechten und Chancengleichheit. Es tut mir für all die motivierten und kompetenten Heilerziehungspfleger leid, dass sie sich mit so einer Berufsbezeichnung herumschlagen müssen. Sie stehen in einem fortwährenden Konflikt zwischen den Anforderungen ihres Arbeitgebers, dem Staat, der sie auffordert, effizient und wirtschaftlich zu arbeiten und dem behinderten Menschen, der vielleicht einfach mal ein paar Minuten mehr Aufmerksamkeit braucht, um sich wohl und wahrgenommen zu fühlen. Dass das für emotional sensible Heilerziehungspfleger eine menschliche und ethische Gratwanderung ist und sie sich vom Staat verfeuert fühlen, überrascht da nicht.

Mein Bruder ist fleißig wie die meisten anderen in der Behindertenwerkstatt auch. Er arbeitet jeden Tag acht Stunden, also 40 Stunden die Woche, 160 Stunden im Monat. Am Ende des Monats bekommt er seinen Lohn ausgezahlt – 78,00 Euro. Als Bewohner einer Behinderteneinrichtung kann Julian nicht auf Dinge wie Urlaub oder Weihnachtsgeschenke für die Familie sparen. Denn das ist mit einem monatlichen Verdienst von 78,00 Euro schier unmöglich. Aber der Ursprung des Übels liegt noch tiefer. Auch wenn Julian auf dem ersten Arbeitsmarkt sein verdientes Geld in Schubkarren nach Hause schieben würde, würde ihm der Staat einen Großteil davon wieder abnehmen, um die Assistenz, die Julian aufgrund seiner Behinderung braucht, zu finanzieren. Menschen wie er, die einen Assistenzbedarf haben, dürfen in Deutschland nicht mehr als 2600,- Euro Gesamtvermögen besitzen.

Mein Bruder wird bis zu seiner Rente in seiner Behindertenwerkstatt weiterarbeiten und sein Leben lang in einem Wohnkomplex leben, der eher an ein Krankenhaus erinnert, als an ein warmes, gemütliches Zuhause. Julian läuft jeden Tag durch lange, kahle Gänge mit grauem Linoleum. Seine Zimmertür ist aus Plastik und das lauwarme Kantinenessen, das er jeden Tag vorgesetzt bekommt, schmeckt nach Nichts.

In der ganzen Diskussion um Inklusion, Gleichberechtigung und Chancengleichheit scheinen Menschen mit kognitiven Behinderungen unterzugehen. Es wird zwar viel über sie diskutiert und gestritten, was gut oder schlecht für sie ist und inwieweit sie vor der normalen Welt »beschützt« werden müssen, aber nur selten wird tatsächlich direkt mit ihnen geredet. Mein Bruder wurde nie gefragt, wo er gerne leben möchte oder mit wem. Niemand fragt ihn, was er gerne zu Abend essen will oder begleitet ihn, wenn er spontan Kettcar fahren möchte. Stattdessen muss er am Wochenende bei Sonnenschein mit den anderen Bewohnern drinnen bleiben, weil nicht genug Personal da ist.

In mir macht sich schon Panik breit, wenn etwas an meinem Rollstuhl oder Handbike kaputt ist und ich mal für einen Tag in der Wohnung feststecke, bis mir zwei starke Hände ein Kugellager oder einen platten Reifen wechseln. Die Vorstellung, dass ich mich nicht mehr meinen Bedürfnissen entsprechend autark bewegen könnte, weil mir keine Assistenz zur Verfügung stünde, treibt mir den Angstschweiß auf die Stirn. Wenn ich daran denke, dass das Personal in Julians Wohnheim dauernd wechselt (was durch die schlechten Arbeitsbedingungen und die miese Bezahlung absolut verständlich ist) und dass mein Bruder dadurch fast jede zweite Woche seine Intimsphäre wieder jemand Fremdem anvertrauen muss, dann schnürt mir das die Kehle zu und lässt mein Schwesterherz bluten.

Auf dem Internat hat niemand meinen Bruder über seine Sexualität aufgeklärt. Und auch in Wohngruppen scheint Sexualität ein absolutes Tabuthema zu sein. Manchmal habe ich das Gefühl, dass man lernbehinderte Menschen von ihrer eigenen Sexualität abbringen möchte. Menschen, die aufgrund ihrer Behinderung in Wohngruppen oder Heimen leben, wird das Recht, welches eins der Grundrechte ausmacht, nämlich die Entfaltung und Entwicklung der eigenen Sexualität, oft verwehrt. Oder sie kommen erst gar nicht in den Genuss, ihren sexuellen Horizont zu erforschen und zu erweitern, weil ihnen Aufklärung und Angebote fehlen oder ganz einfach vorenthalten werden. Sexualität ist in keinem Menschen einfach da. Sie muss entdeckt, erforscht und entwickelt werden. Und das kann nun mal nur geschehen, wenn man sie ausleben darf.

Ein selbstbestimmtes Leben führen zu dürfen, das ist ein Traum, der sich für Julian wohl niemals erfüllen wird. Mein Bruder hat durch seine Behinderung keine andere Wahl, als sich mit einem Hilfesystem passiv auseinanderzusetzen, das ihn davon abhält, am regulären gesellschaftlichen Leben teilzunehmen. Hat Julian einen schweren Anfall, ist die Gefahr groß, dass er einen Kreislaufzusammenbruch erleidet, der schnell lebensgefährlich werden kann. Aufgrund dieser Epilepsie muss er rund um die Uhr beobachtet werden und den personellen Aufwand einer individuellen Assistenz kann oder will man nicht erbringen. Deshalb bleibt ihm nur das Wohnheim.

Ist Julian zuhause, dann ist es vor allem meine Mutter, die ihn rund um die Uhr betreut. Bahnt sich bei Julian ein Anfall an, dann bekommt meine Mutter so viel Angst und Panik, dass ich manchmal überlege, wer von den beiden jetzt zuerst den Löffel abgibt. Aber laut meines jüngsten Bruders Richard ist das völlig normal – da »muss man die Mama auch mal verstehen. Wenn der Julian kurz vorm Abnibbeln ist, kann man schon mal hysterisch werden«.

Und so ist es mein sechzehnjähriger Bruder, der, genau wie ich, damit aufgewachsen ist, in stressigen Situationen, in denen es auch schon mal um Leben und Tod geht, der Mama gut zuzureden und in aller Seelenruhe einen Krankenwagen zu rufen.

Und dann sitzen wir da, am großen Familientisch und essen. Wir reden und lachen miteinander, während ich vorsichtig mit Messer und Gabel die dünne Scheibe Kalbfleisch trenne. Besorgt beobachtet meine Mutter Julian, wie er die Kapern aus seinem »Vitello Tonnato« fischt und sie sorgsam an den Tellerrand legt. Seine Hände zittern. Ich beobachte meine Mutter, wie sie Julian beobachtet.

»Meinst du?«, frage ich sie.

Sie nickt ängstlich.

»Lenk ihn mal ab«, sagt Mama zu Richard, der neben Julian sitzt, und Richard fragt Julian, ob er ihm seine Kapern gibt.

Julian weiß schon vorher, wenn er krampfen wird. Er bekommt plötzlich Kopfschmerzen und wirkt leicht abwesend. Oft gelingt es uns, ihn aus der Aura, der Phase vor einem epileptischen Anfall, mit etwas Ablenkung wieder rauszubekommen.

Aber nicht an diesem Abend. Mit einem Nicken gibt Julian unserer Mutter zu verstehen, dass er jetzt krampfen wird. Er schämt sich und krallt sich bei Mama fest, die sich beschützend über ihn beugt und ihn fest umschlingt, damit er nicht vom Stuhl rutscht. Richard bringt währenddessen die drum herum stehenden Gläser und Teller in Sicherheit. Meine Tante und mein Onkel sitzen am Tisch und lassen ihr Besteck sinken. Überfordert und hilflos hocken sie daneben und sehen zum ersten Mal in all den Jahren, was so abgeht, wenn Julian krampft.

Mama flüstert Julian beruhigende Worte ins Ohr. Dabei spielt es keine Rolle, ob er diese Worte hören kann oder nicht. Den Atem und die Lippen von der Person am Ohr zu spüren, die er am meisten liebt und am meisten braucht in so einem Moment, ist das Entscheidende. Richard steht hinter den beiden, berichtet live auf Sportschau-Niveau, wie sich Julians Gesichtszüge verändern und hält das Notfall-Medikament schon in den Händen.

»Mama, ich hab Buccolam. Sag' und ich quetsch' es ihm in die Schnüss'.«

Ein Lächeln schnauft mir aus der Nase und eine Träne läuft mir aus dem Auge. Der Typ hat den Dreh raus, denke ich. Schon als kleiner Junge fand er die richtigen Worte, wenn ich aus pubertären und nicht nachvollziehbaren Gründen in meinem Zimmer rumheulte.

Julians verkrampfter Griff um den Nacken meiner Mutter lockert sich. Es hat vier lange Minuten gebraucht und kein Buccolam. Julian entspannt sich langsam, hält meine Mutter aber weiter fest. Er atmet zweimal tief durch und noch immer sind seine Augen geschlossen. Er sammelt sich. Wir alle am Tisch sammeln uns. Julian streichelt mit seiner Hand die Haare seiner Mama und öffnet die Augen. Sie hält Julians Gesicht mit beiden Händen vor ihres und bewegt stumm die Lippen: Alles wieder gut? Julian nickt erleichtert und gebärdet »Danke« und drückt und küsst die Mama, so als ob ihm alles, was gerade passiert ist, unendlich leidtut. Als ob es ihm leidtut, dass er der Mama Sorgen gemacht hat.

Julian ist 28 und wird mit seiner Bernbehinderung in den Köpfen vieler das ewige Kind bleiben. Aber jetzt sitzt er da, in seinem schwächsten Moment, und zeigt mit so einer Reife seine Dankbarkeit und offen seine Liebe, dass ich davon bis ins tiefste Innere berührt bin. So etwas habe ich noch nie zuvor gesehen. Das ist Liebe in ihrer Reinform – ohne Bedingungen, ohne Schnörkel, ohne Erwartungen. Mir laufen die Tränen über die Wangen und tropfen von meinem Kinn herunter.

»Puh. Jetzt brauch' ich erst mal 'nen Schnaps!«, stellt meine Mutter fest, wischt sich ihre Haare aus der Stirn und holt ein paar Gläser.

»Richi, du auch?«

»Jo.«

Gläser stoßen klirrend aneinander.

»Ich liebe dich«, sage ich und küsse meine Mama fest auf den Mund.

Also ich könnte das nicht

Wer ein behindertes Kind hat, bei dem es gesundheitlich oft auf der Kippe steht, ein Kind, das nicht für sich selbst sprechen kann, nicht erzählen kann, dass es heute nicht zur Arbeit will, weil es ihm schlecht geht oder dass ihm Unrecht geschehen ist; ein Kind, das Wind und Wetter, Willkür und anderen Erscheinungen schutzlos ausgesetzt ist, das bei jedem epileptischen Anfall einen Herz-Kreislauf-Stillstand bekommen und sterben kann – jemand, der so ein Kind hat, muss ziemlich starke Nerven haben.

So jemand stellt das Kümmern und Sorgen um sich selbst hinten an und lenkt all seine Kraft aufs Kind. So jemand kämpft nachts alleine im Dunkeln gegen die Ängste an, die wie Zehntonnen-Gewichte auf der Brust liegen und das Atmen schwer machen, während das Handy griffbereit neben dem Bett liegt, weil das geliebte Kind mal wieder ins Krankenhaus eingeliefert wurde. So jemand hat seine Antennen 24 Stunden lang auf Empfang gerichtet, ist permanent in Rufbereitschaft, kämpft mit Krankenkassen um die Erstattung lebenswichtiger Medikamente und scheißt die Verantwortlichen des Wohnheims zusammen, wenn das Kind auf den Boden knallt, weil es einen Anfall hat und aus Personalmangel niemand bei ihm ist.

So jemand ist meine Mama.

Ich kenne keinen Menschen, der lustiger ist als meine Mutter, den ich mehr liebe und dem ich mehr vertraue. Meine Mutter hält das zusammen, was zusammen gehört. Sie beschützt und kämpft für ihre Kinder und steht dabei selbst oft schutzlos da. In meinen pubertären Ausfällen habe ich ihr oft gesagt, dass ich sie hasse, und sie hat mich einfach weitergeliebt. Ich weiß nicht mehr genau, wann ich verstanden habe, dass meine Mama auch nur ein Mensch ist, der Fehler macht, schwach sein kann und behütet werden muss. Heute frage ich mich manchmal, wer meine Mutter eigentlich so liebt, wie sie ihre Kinder liebt und wer sie so beschützt, wie ich mich von ihr beschützt fühle.

Dabei kann sie es sich nicht erlauben, schutzlos in der Öffentlichkeit zu stehen, denn jeden Tag aufs Neue erlebt sie die große Unsicherheit unserer Gesellschaft gegenüber Behinderung. Es gibt zwei extreme Haltungen, die ihr und allen anderen Eltern behinderter Kinder immer wieder entgegenschlagen: Mitleid und Bewunderung auf der einen – Unverständnis und Ablehnung auf der anderen Seite.

Für meine Mama ist es nichts Ungewöhnliches, Reaktionen von Mitmenschen zu bekommen, die sonst nur ich als Betroffene, als Behinderte, erlebe. Sie erhält Mitleid dafür, dass sie zwei behinderte Kinder hat, bekommt große Anerkennung dafür, wie tapfer sie ihr

Schicksal meistert und wird als besonders starke und mutige Frau glorifiziert.

Als Kind hat es mich irritiert und wütend gemacht, wenn sie von anderen als Heldin gefeiert wurde für etwas, was doch allein ich und mein Bruder mit uns herumtragen mussten. Warum wurde sie gefeiert oder bemitleidet, obwohl sie das alles doch gar nicht selbst betraf, fragte ich mich. Meine Behinderung, die nur mir gehörte, die nur mich etwas anging, wurde als Mitleidspreis an meine Mutter weitergereicht. So, als ob wir schlimme Kinder wären, die eine unzumutbare Last für unsere Mutter darstellen würden.

Heute kann ich mich von dieser Haltung besser distanzieren und verstehe, dass es nicht nur anmaßend gegenüber den Leben von Julian und mir ist, sondern dass auch meine Mutter für etwas bewertet wird, was jede emotional gesunde Mutter in sich trägt: Die Liebe und Zuneigung zu den eigenen Kindern, egal, ob sie gesund sind oder nicht.

Es ist durchaus verständlich, aus einem ersten Impuls heraus Betroffenheit und Mitleid zu empfinden, wenn eine Mutter mit einem behinderten Kind auftaucht. Aber im zweiten Moment sollte man, als reflektierender und halbwegs intelligenter Mensch, seine eigene Wahrnehmung überdenken und nicht gleich in einen Verurteilungsmodus verfallen, in dem man aus einem normalen, behinderten Kind etwas zutiefst Bemitleidenswertes und aus der Mutter dieses Kindes etwas absolut Bewundernswertes macht.

Eltern von behinderten Kindern haben einen Alltag,

genauso wie ihre behinderten Kinder auch und wie jeder andere Mensch auf dieser Welt. Sie sitzen nicht den ganzen Tag mit sorgenzerfurchter Stirn da und denken darüber nach, dass ihre Kinder behindert sind. In ihren Familien gibt es gute Tage und es gibt schlechte Tage. Aber weder Eltern noch Kinder machen dafür die Behinderung verantwortlich. Sie sitzt selbstverständlich mit am Küchentisch und niemand schaut deshalb erstaunt von seinem Teller auf.

Man kann darauf vertrauen, dass meine Mutter keinem Bild von einem gesunden Julian hinterhertrauert. Einfach, weil es immer nur diesen Julian in ihrem Leben gab und er genau das Kind ist, das sie über alles liebt. Aus diesem Grund sind Eltern von behinderten Kindern genauso viel oder -wenig zu bemitleiden und zu bewundern, wie Eltern »gesunder« Kinder.

Meine Mutter nimmt ihre behinderten Kinder überall mit hin (dass ich das so explizit schreiben muss, ist als solches schon ziemlich erschreckend). Julian geht mit ihr einkaufen, mit uns ins Restaurant oder zu Geburtstagsfeiern. Und in solchen Momenten erleben meine Mutter und wir als ihre Kinder immer wieder das andere Extrem einer verunsicherten Gesellschaft, die noch keinen selbstverständlichen Umgang mit behinderten Menschen gefunden hat.

Wildfremde Menschen äußern meiner Mutter gegenüber ihren Unmut. »Muss denn so was in der Öffentlichkeit sein?«, oder »Früher hätte es so was nicht gegeben!«, sind harte, aber immerwiederkehrende Sprüche.

Sie prangern nicht nur das Dasein meines Bruders oder meines an, sondern strafen unsere Mutter dafür ab, dass sie uns auf die Welt gebracht hat und uns dann auch noch ungefragt der Gesellschaft zumutet.

Leider habe ich wenig Hoffnung, dass diese Anmaßungen und Diskriminierungen irgendwann aufhören werden. Die Sprüche werden so lange bleiben, wie Behinderte aus der gesellschaftlichen Mitte ausgeschlossen werden und so den ganzen Nichtbehinderten keine Chance gegeben wird, sie als normales Bild im öffentlichen Alltag zu erleben. Laut Statistik ist jeder Zehnte in Deutschland behindert, aber wenn ich mir überlege, wer denn in meinem direkten Umfeld, Bekanntenkreis, bei der Arbeit, im Supermarkt oder bei meiner Frauenärztin sonst noch mit einer Behinderung herumläuft, dann ist das eine verdammt magere Ausbeute. Wie können solche Sprüche, die Berührungsängste und Vorurteile vieler Menschen wiederspiegeln, vermieden werden, wenn Menschen wie mein Bruder Julian in Heimen wohnen und in Werkstätten arbeiten, abgeschottet vom Rest der Welt? Wenn sie in einer Parallelwelt leben, die sie vom Alltag der anderen separiert? Eltern von behinderten Kindern sollten durch einen offensiveren Umgang der Politik und durch ein Umdenken in der Gesellschaft nicht länger verurteilt werden, bzw. sich dafür rechtfertigen müssen, ihre Kinder nicht wegschließen oder verstecken zu wollen.

Meine Mutter hat uns mit der größtmöglichen Selbstverständlichkeit und Normalität großgezogen und so versucht, ein Gegengewicht zu den Vorurteilen zu schaffen, die uns immer wieder von außen begegneten. Durch ihre Stärke und Entschlossenheit hat sie im Laufe der Jahre gelernt, auf die Meinungen von Außenstehenden über sie und ihre Kinder zu pfeifen. Wenn sie heute Sätze hört, wie: »Also ich könnte das nicht!«, oder »Das ist eine Zumutung!«, dann lässt sie sie da, wo sie hingehören: Bei den engen und ängstlichen Menschen, deren Köpfe voller Vorurteile stecken.

Können Sie Sex haben?

Als ich endlich angezogen bin, ist es 10:36 Uhr. Meine Gynäkologin erwartet mich um 11:00 Uhr in ihrer Praxis. Zum Durchlüften, Routineuntersuchung. Ich durchwühle meine Schublade – wo ist meine bekloppte Mütze hin?! Verzweifelt stöhne ich auf. Das gibt's doch nicht, die lag doch gestern noch in der Schublade. 10:39 Uhr. Wenn ich jetzt nicht Gas gebe, komme ich zu spät zu meinem Termin. Ich hasse diesen Stress. Ausgerechnet heute, wo ich mich so ausgekotzt wie lange nicht mehr fühle. Tränen schießen mir in die Augen. Laura, jetzt reiß' dich mal zusammen, ermahne ich mich streng. Du wirst doch wohl mal einen Tag ohne Geheule schaffen! Mein Telefon klingelt. Ich schaue auf die Uhr über meiner Eingangstür. Es ist 10:47 Uhr. »Verf***te Sch***e!«, fluche ich und reiße hektisch mein Handy aus der Tasche. Es ist meine Mutter – war ja klar. Ich hab' jetzt keine Zeit, auf keinen Fall! Ich atme tief durch, stopfe das Handy zurück in die Tasche, reiße die Tür auf und bin raus.

Nach 36 Metern merke ich, dass ich zu leicht angezogen bin. »Ich pflege dich nicht, wenn du krank wirst!«, dröhnen mir die Worte meiner Mutter im Kopf, die ich als Kind immer zu hören bekam, wenn ich bei elf Grad keine Strumpfhose unter meiner Jeans trug. Fröstelnd ziehe ich die Schultern nach oben und drücke den Wollschal von unten gegen mein Kinn. Immerhin den habe ich in der Schublade des Grauens gefunden. Meine Zunge ertastet einen Wollflusen – ich hasse Fussel in meinem Mund. Entnervt verdrehe ich die Augen und halte an. Mit Daumen und Zeigefinger greife ich an meine Zungenspitze. »Arschloch«, beschimpfe ich den Flusen, streife ihn am Knie ab und setze zum Weiterfahren an.

Da spüre ich, wie es unter meinem Pulli auf einmal ganz luftig wird und eine Sekunde später befinden sich meine Brüste im freien Fall. Fassungslos bleib ich mitten auf dem Gehweg stehen – das ist jetzt nicht wahr. Ein weiterer Aggressionsschub überkommt mich. Nein, ich werde jetzt nicht mitten auf der Straße anfangen zu heulen, auf gar keinen Fall. Grimmig beiße ich die Zähne zusammen und gebe Vollgas.

Außer Atem, mit einem total trockenen Mund und Haaren, die in alle Richtungen statisch aufgeladen abstehen, stemme ich mich um 11:09 Uhr, mit voller Kraft und jeder Menge Hass im Bauch, energisch gegen die schwere Praxistür meiner Frauenärztin. Die schwarzhaarige Arzthelferin, deren Mund ich hinter der hohen Theke nicht sehen kann, beobachtet mich interessiert dabei, wie ich mich, vor Anstrengung schnaufend und mit frei wippenden Brüsten unterm Pulli, Zentimeter für Zentimeter durch die schwere Tür quetsche. Sie scheint geradezu fasziniert von meinem Kampf. Ich könnte schreien. Oder heulen. Aber geheult wird heute nicht. Die massive Tür schlägt hinter mir schwer ins Schloss.

»Na, da haben Sie's ja doch noch geschafft«, kommt es, fast enttäuscht, aus dem unsichtbaren Arzthelferinnen-Mund.

»Ich habe um 11:00 Uhr einen Termin. Gehlhaar.« Verschwitzt starre ich auf die schwarzen Haare hinter der Theke. Ich brauch' jetzt was Nettes an diesem Scheißtag. Bitte sag mir, dass ich sofort drankomme. »Dauert noch«, sagt der unsichtbare Mund gleichgültig und die pechschwarz gefärbten Haare der Arzthelferin wippen hämisch.

Im Wartezimmer sind alle Stühle besetzt. Ich parke zwischen einem schwangeren Teenagerpärchen und einem schwangeren Teenagerpärchen. Ich ziehe den Rotz in meiner Nase hoch und greife mir eine Illustrierte, um mich schnell abzulenken. Bei schwangeren Teenagerpärchen werd' ich immer total sentimental, schon an guten Tagen.

»Ich sehe mich selbst nicht als Traummann«, titelt ein Promi-Heft und darunter ist ein Bild vom künstlich verträumt schauenden David Garrett zu sehen. Mit seiner Geige am Hals. Ich schließe meine Augen und stöhne leise. Aufhören. Ich möchte das alles nicht.

»Frau Gehlhaar!«

Vor dem Spiegel des Behandlungszimmers ziehe ich mich aus. Die Jacke, das Shirt, den kaputten BH. Trotzig und ohne ihn noch eines Blickes zu würdigen, schmeiße ich ihn in den Mülleimer zwischen Taschentücher und Hygieneutensilien. Ich werfe einen Blick in den Spiegel. Meine Haare habe ich vorhin im Wartezimmer noch zu einer Art Dutt geknotet. In bestimmten Szene-Vierteln in Berlin würde ich so glatt als hippe Mode-Bloggerin durchgehen. Aber ich sitze halb nackt bei meiner Frauenärztin und sehe alles andere als hip aus. Die schwarzen Schatten unter meinen kleinen Augen verraten meine schlaflosen Nächte. Mein Hormonhaushalt feiert gerade eine Party nach der anderen. Selbstverständlich ohne mich. Seit Tagen schon treiben mich diese ekelhaften Hormon-Biester in den emotionalen Wahnsinn: Ich stoße mir leicht den Ellenbogen – und fange prompt das Geheule an. Ich gucke »Pocahontas« – und flenne lauthals los. Ich bleibe, wie schon tausendmal zuvor, mit meinem Schal an der Türklinke hängen – und beschimpfe rotgesichtig und Spucke spritzend den Schal. Und dann die Türklinke. Und dann wein' ich los.

Die letzten Wochen waren voller Arbeit, voller Stress, voller menschlicher Abgründe und voller schlechter Dates. Angereichert mit all den hochploppenden Hormonen, haut mich dieser Lebenscocktail jetzt um. Besudelt von klebrigem Stressschweiß und einem feuchten Tränenfilm, liege ich k. o. in der Ecke. Das muss ein Ende haben, schwöre ich mir und fixiere dabei meine kleinen Schweinsäuglein im Spiegel.

Ich fange den prüfenden Blick meiner Gynäkologin auf. Wenn sie mir jetzt noch durch irgendeine subtile Art vermitteln sollte, dass mein Haar nicht sitzt, ich müde aussehe oder sie den kaputten BH bedauert – fang' ich an zu heulen.

»Sieht alles gut aus«, sagt meine Ärztin und dreht sich zufrieden zu mir um. Meine Unterlippe zittert und eine erste Träne kullert über meine Wange. Und dann fange ich an zu heulen. Meine Gynäkologin fragt mich seufzend, warum ich denn jetzt heulen würde. Unter Tränen antworte ich: »Es ist alles eine ganz große Scheiße!«

»Frau Gehlhaar, Stimmungsschwankungen sind ganz normal, wenn der Monatszyklus ansteht.«

»Trotzdem, ich verstehe das nicht! Eigentlich liebe ich meinen Monatszyklus! Auch ohne die Pille kann ich die Uhr danach stellen. Aber dieses Mal ist alles anders.« Ich weine noch lauter und komme so richtig schön in Fahrt: »Alles ist verschoben. Mein ganzer Zyklus ist am Arsch!«

Prüfend mustert mich meine Gynäkologin. Sie kennt mich gut und versucht abzuwägen, ob sie es mit der normalen Laura-Hysterie zu tun hat, oder ob etwas Ernstes dahintersteckt. Laut prustend schnäuze ich in den grauen Papierwaschlappen, mit dem ich mir eigentlich das Ultraschallgel vom Bauch wischen soll. »Keiner will mich und ich werde nie wieder Sex haben!«

»Sie haben sich zu viel zugemutet in letzter Zeit, richtig?« Meine Gynäkologin steht auf und wäscht sich ihre Hände. »Frau Gehlhaar, ich mache Ihnen einen Vorschlag: Sie warten jetzt ein paar Tage ab, empfangen Ihren Monatszyklus, schreiben darüber und nächsten Monat nehmen Sie sich dann wieder mehr Zeit für sich. Dann wird es Ihnen schnell wieder besser gehen.« Aufmunternd lächelt sie mich an.

Ich liebe meine Frauenärztin. Sie versteht mich. Bei ihr kann ich so sein, wie ich bin. So viel Glück wie mit ihr hatte ich nicht immer. Meine erste Gynäkologin predigte mir ununterbrochen, dass meine Jeans zu eng seien und sich mein Uterus so niemals würde richtig entfalten können.

Mit süßen siebzehn Jahren schluckte ich zum ersten Mal die Pille. Allerdings gehörte ich zu den uncoolen Mädchen, die die Pille nicht verschrieben bekamen, weil sie Sex hatten, sondern Akne (immerhin waren meine explodierenden Brüste ein netter Nebeneffekt). Sex war ein Thema, das sich für mich damals noch meilenweit entfernt anfühlte. Erst mal wollte ich meinen Führerschein machen, um endlich unabhängig zu sein und um mich frei bewegen zu können. Das war mein oberstes Ziel. Erst danach kam der Wunsch nach einem Freund. Irgendwann mal.

Als ich 2008 nach Berlin zog und mir eine neue Gynäkologin suchen musste, war ich zunächst überglücklich. Ich fand eine Praxis, die für mich als Rollstuhlfahrerin ohne Treppen zugänglich war und in der es auch noch einen Untersuchungsstuhl gab, der sich elektrisch hoch- und runterfahren ließ. Wer schon mal in meiner Situation war, weiß, dass das selbst in einer Weltmetropole wie Berlin keine Selbstverständlichkeit ist. Also ein wirklicher Glücksgriff! Der jedoch schnell durch eine fürchterlich verklemmte und spießige Ärztin zunichtegemacht wurde. Schon beim Erstgespräch wunderte ich mich, dass die Ärztin mich nicht, wie es sonst üblich ist, nach meinem Sexualleben fragte. Auch keine

Frage nach einem möglichen Freund, nach einer möglichen Affäre. Nichts. »Ich würde gerne eine andere Pille nehmen«, eröffnete ich ihr nach den ganzen nicht gestellten Fragen. Sie strich sich mit der flachen Hand über ihren streng nach hinten gebundenen aschblonden Pferdeschwanz und fragte nervös: »Sind Sie denn in der Lage, Geschlechtsverkehr zu haben?«

Ich lachte laut und weinte innerlich auf. Ich war geschockt – vor mir saß eine Frauenärztin, eine studierte Frau! Dachte sie etwa, dass ich ohne Mumu auf die Welt gekommen war wie ja fast jede dritte Rollstuhlfahrerin?! Fassungslos saß ich vor dieser verklemmten Frau und fühlte mich so unverstanden wie selten in meinem Leben. »Natürlich habe ich Sex!«, entgegnete ich ihr entrüstet und machte ein leicht angewidertes Gesicht. So eine barrierefreie Praxis werde ich nie wieder finden, schoss es mir durch den Kopf und ich wog ab: Sollte ich es in Kauf nehmen, mich zwar menschlich mehr als nicht verstanden zu fühlen, dafür aber in den Genuss einer voll ausgestatteten Praxis für meine körperlichen Bedürfnisse zu kommen? Oder sollte ich mich erneut auf die mühsame Suche nach einer Ärztin machen, die mir nicht nur eine barrierefreie Praxis bieten konnte, sondern die sich auch ihre Mitmenschlichkeit und soziale Kompetenz erhalten hatte?

Ich beschloss, mich gar nicht mehr untenrum freizumachen, setzte die Pille auf eigene Verantwortung ab und suchte mir eine neue Praxis. Und ganz als ob das Universum meine Entschlossenheit belohnen wollte, fand ich schon nach drei Wochen die Praxis meiner jetzigen Ärztin – mit einem höhenverstellbaren Untersuchungsstuhl und einem Aufzug im Haus – Bingo!

Und hier sitz' ich jetzt – verheult und unendlich dankbar über meine weltbeste Frauenärztin. »Tasten Sie regelmäßig Ihre Brüste ab?«

Ich überlege, wann jemand das letzte Mal meine Brüste angefasst hat. »Ja, eigentlich immer, wenn ich dusche«, antworte ich mit wimmerndem Stimmchen und wische mir mit meinem Shirt über mein nasses Gesicht. Dabei beobachte ich meine Ärztin, wie sie vorsichtig und umsichtig meine Brüste knetet. Diese Frau nimmt mich für voll. Kein Spruch, wie: »Davon würde ich Ihnen abraten!«, als ich bei einem Besuch das Thema Kinderkriegen ansprach. »Wenn Sie das wirklich wollen, werde ich Sie unterstützen«, kam stattdessen.

Bevor mein Rotz auf ihre Hände tropfen kann, zieh' ich ihn entschieden die Nase wieder hoch. Meine Ärztin schaut mir in meine verquollenen Augen und zieht dabei eine Augenbraue hoch. Genau wie meine Mutter früher, wenn sie mir zu verstehen geben wollte, dass es jetzt mal genug mit dem Drama sei.

Ich schluchze noch einmal ordentlich auf. »Ich werde alleine sterben. Meine Vagina wird austrocknen, zu Staub zerfallen und dann durch eine sanfte Brise weggeweht werden und niemandem wird es auffallen.«

Meine Frauenärztin schüttelt lächelnd den Kopf und steht auf. Mit einem festen Händedruck verabschieden wir uns voneinander.

Norovirus

Ich vermisse meine Mama, meine Brüder und meinen Stiefpapa. Ich brauche dringend mal wieder gutes Essen und jemanden, der mir abends den Kopf krault. Ich möchte mich so wenig wie möglich unterhalten, gefragt werden, wie es gesundheitlich geht, wie es im Job läuft und was die Liebe so macht. Mir geht es nicht gut, zumindest nicht so gut, dass ich behaupten könnte, ich sei glücklich. Aber genau das möchte ich wieder sein. Glücklich mit mir selbst. Das Einzige, was da hilft, ist essen, trinken und schlafen.

Schwer bepackt mit Weihnachtsgeschenken, fahre ich mit dem ICE, einen Tag vor Heilig Abend, nach Düsseldorf. Nach Hause. Wie immer holt mich meine Mutter vom Bahnhof ab. »Schnucki, was ist denn los?«, fragt sie mich, als wir im Auto auf dem Parkplatz sitzen.

Ich flüstere: »Ich hab' dich so vermisst.« Die Arme meiner Mutter umschlingen mich und augenblicklich löst sich etwas in mir. Ich kuschle mich mit meiner Stirn an ihre Schulter und heule einen großen, salzigen Wasserfleck in den Mantel meiner Mutter. Ich freue mich auf die ruhigen Tage im Haus meiner Eltern. Für den Rest des Jahres würde ich den ganzen

Tag faulenzen, mit meinen Brüdern GTA und Rommee zocken, selbst gebackene Plätzchen essen und guten Wein aus dem Weinkeller meines Stiefvaters trinken.

Zu Hause angekommen, erschlägt mich die Weihnachtsdekoration mit all ihrer Pracht. Alle Jahre wieder. Das Einzige, was meine Mutter in ihrem kreativen Wahn jedes Jahr neu variiert, sind die Farbkombinationen der Kugeln, Schleifen, Lichterketten und anderen Figuren. Dieses Jahr hat sie sich für gold-rosa entschieden. Die drei Jungs empfangen uns im Eingang. Jeder wird lange und innig gedrückt und geküsst. Ich knutsche meinen Stiefpapa, dann umarme ich meine beiden Brüder und sauge ihre vertrauten Gerüche ein. Sie riechen nach Weichspüler, einem Hauch von Mama und nach dem Axe-Duschgel meines Bruders.

»Wow, Mama! Voll ... äh, schön!«, rufe ich, so überzeugend es nur geht, als ich ins Wohnzimmer rolle. Mein jüngster Bruder Richard verdreht die Augen und grinst mich wissend an. Julian sitzt auf dem Sofa und bindet eine weiß-rosa Stoffschleife. Ich setze mich neben ihn und lege meinen Kopf auf seine Schulter. Er hat, wie meine Mama auch, diese »Batterie-Gabe«: Wenn ich an ihn andocke, sammle ich neue Energien. Julian greift sich ein weiteres weiß-rosa Stoffband und konzentriert sich auf das Binden der nächsten Schleife. Er solle mal erzählen, wie es ihm so geht, gebärde ich. Dann muss ich lachen, weil er es mir, ohne freie Hände, wohl schlecht erzählen kann. Stattdessen nickt und lächelt er. Mehr muss ich nicht wissen.

Und dann ist Weihnachten. »Plat des fruits de mer« wird es heute am Heiligabend als Hauptgang geben, davor Kalbstatar. Der große Tisch im Esszimmer ist schon mit dem guten Geschirr, das sich durch die Generationen schleicht und immer nur zu besonderen Anlässen aus dem Schrank geholt wird, gedeckt. Tannenzapfen und goldene und rosa Kugeln schlängeln sich als Tischdekoration mit viel Glitzer und Tamtam zwischen Kerzen und Weingläsern hindurch. Zusammen mit Julian hänge ich die letzten goldenen und rosa Kugeln in den Tannenbaum, wobei Julian die obere und ich die untere Hälfte bearbeiten. Im Hintergrund läuft Celine Dion und mir wird ganz feierlich zumute. Meine Eltern sind noch schnell Weine aus dem Restaurant meines Stiefvaters holen und Richard hängt in seinem Zimmer ab. Nur mein Bruder Julian, die Dion und ich teilen uns diesen festlichen Vorfreude-Moment. Und erfreulicherweise stört es die beiden nicht, dass ich Dions Gesangskunst textsicher und lautstark begleite.

Um 23:52 Uhr am Heiligabend wird mir plötzlich kotzübel. Mein Magen grummelt und es fühlt sich so an, als ob große, aufeinandergestapelte Bauklötze ins Wanken geraten und unheilvoll hin- und herschwanken würden.

»Richard, hol mal die Mama, bitte«, krächze ich. Doch Richard, der sich die Schlafcouch in seinem Zimmer ausgezogen hat, damit ich in seinem Bett liegen kann, schläft nach dem vielen Essen und Lachen seelenruhig den Schlaf der Gerechten. Sein Atem ist ruhig und regelmäßig und auch nach einem erneuten, verzweifelten Versuch ihn wach zu bekommen, rührt er sich nicht.

Krämpfe durchstoßen meinen Bauch. Ich spüre, wie mir Schweißperlen die Schläfen runterlaufen. Mit einem heftigen Ruck verlagern sich die Krämpfe eine Etage tiefer in Richtung Ausgang. Der schwere Bauklotzturm in meinem Bauch kracht donnernd in sich zusammen. Bitte nicht!, denke ich panisch und reiße mir die Bettdecke vom Körper. Hektisch hieve ich mich in meinen Stuhl hinüber.

Ich erinnere mich an das letzte beschämende Mal, als mir etwas in die Hose gegangen ist. Vor ein paar Jahren hatte ich die grandiose Idee, einen Handbike-Ausflug nach Spandau zu machen. Ich hatte einen wunderbar entspannten Tag, nur mit mir alleine. Allerdings berücksichtigte ich bei meinem exzessiven Limo-Konsum nicht das sehr holprige Kopfsteinpflaster in Spandau. Irgendwann wurde es meiner bis zum Rand mit Limo vollen Blase zu holprig. Urplötzlich sendete sie ein S.O.S und machte mir unmissverständlich klar, dass sie sich jeden Moment entleeren würde. Eine barrierefreie Toilette fand ich auf die Schnelle nicht, auch ein Gebüsch, das mich vor fremden Blicken hätte schützen können, war nirgends zu sehen. Ratlos und mit Schamesröte im Gesicht musste ich es irgendwann einfach geschehen lassen. In einer Seitenstraße in Spandau. Die Sonne schien und ganz leise fing es unter mir an zu regnen. Nass und beschämt fuhr ich nach Hause. Ich bin seither nie mehr dort gewesen.

Jetzt rolle ich, vor Schweiß klitschnass und von Krämpfen durchgeschüttelt, so schnell es geht zur Toilette im Kellergeschoss. Da, wo Richard sein eigenes Zimmer hat und ich immer schlafe, wenn ich zu Besuch bin. Mit letzter Kraft versuche ich die Substanz in meinem Körper zu halten, die nicht in den Rollstuhl, sondern in den Kackstuhl gehört. Aber ich schaffe es nicht. Schon warm und stinkend schiebe ich mich rüber aufs Klo und beginne im selben Augenblick, »fruits de mer« zu kotzen.

Richard ist nun auch endlich wach, rennt mit T-Shirt vor Mund und Nase an mir vorbei und holt meine Mutter.

»Tobias!«, ist das Letzte, was ich von meiner Mutter höre, die mir eine Salatschüssel vors Gesicht hält und panisch nach meinem Stiefvater ruft. Dann rutsche ich, von Muskelkrämpfen geschüttelt, von der Toilette.

»…eine Patientin, die an den Rollstuhl gefesselt ist und …«

»Nein!«, stöhne ich dazwischen. Der Arzt in der Notaufnahme nimmt den Hörer vom Ohr und drückt ihn an seine Brust. »Wie bitte?«, fragt er mich. Erschöpft hole ich Luft und hebe benommen meinen Kopf: »Ich bin nicht an den Rollstuhl gefesselt. Ich bin auf einen Rollstuhl angewiesen.«

Und außerdem ist Manfred, mein Rollstuhl, gar nicht mit mir eingeliefert worden. Der steht vollgekackt zuhause rum.

»Also die Patientin ist auf den Rollstuhl angewiesen und wird jetzt stationär aufgenommen«, verbessert sich

der Arzt und betont dabei das Wort ›angewiesen‹ besonders stark. Zufrieden lege ich meinen Kopf wieder
ab und drehe mich auf die Seite.

Mir wird schon wieder schlecht. Jemand hält mir eine
Tüte vor den Mund und ich sehe, wie der Rest Meeres-
früchte in die Tüte läuft, während der letzte kleine Rest
meiner Würde in der Windel landet, die man mir seit
dem Eintreffen in die Heerdter Notaufnahme schon di-
verse Male gewechselt hat. Ich erbreche mich weiter und
entschuldige mich währenddessen beim Arzt, der mir
nun selber die Tüte vors Gesicht hält und mir dadurch
meinen Gestank, den Ekel vor mir selbst und meine ganze erbärmliche Person unter die Nase zu reiben scheint.

Die restlichen Weihnachtstage liege ich im Krankenhaus am Tropf. In Quarantäne. Meine Familie schickt
mir Bilder von der Weihnachtsparty, auf der sich alle
betrunken in den Armen liegen. Darunter die Nachricht: »Du fehlst uns. Wir lieben dich.«

»Ich liebe euch auch, aber fehlen tut mir niemand«,
schreibe ich zurück. Niemand darf zu mir, außer Tim,
mein 22-jähriger Krankenpfleger, der mir zwei Nächte lang im 30 Minuten Takt die vollgeschissene Pam-
pers wechselt, und das mit so viel Anstand und Feingefühl, wie ich es von keinem Menschen je erwartet hätte.
Mit Ganzkörper-Schutz fragt er mich, ob er mit mir 'ne
Runde Uno spielen soll, auf der Station sei es gerade
sehr ruhig. Ich lächle und lehne dankend ab.

»Vielleicht kannst du noch mal kurz durchlüften?«,
frage ich und Tim öffnet weit das Fenster. Die Luft ist

mild für diese Jahreszeit. Ich atme tief ein und genieße weiter die Stille, als der beste Krankenpfleger der Welt mit einem Peace-Zeichen das Zimmer verlässt.

Ich habe immer gewusst, was ich will. Wobei »wissen« vielleicht nicht der richtige Ausdruck ist, vielmehr habe ich es immer gefühlt oder gespürt, wie ich mein Leben leben will. Sozialpädagogik und Psychologie waren genau die richtigen Studiengänge für mich. Menschliche Abgründe faszinierten mich schon immer. Egal, ob soziale oder seelische Abgründe, Hauptsache tief und schwarz. Ich wollte nicht nur mit Menschen an sich eng zusammenarbeiten, ich wollte die Zeit, die mir zum Arbeiten gegeben wurde, mit Menschen verbringen, die sich verletzbar und echt zeigten. Oder mit solchen, die gerade nicht so funktionierten, wie es andere von ihnen verlangten und die dem Druck nicht gut standhalten konnten. Fast vier Jahre lang arbeitete ich in Berlin in der Psychiatrie als Sozialpädagogin. Dabei habe ich sehr viel über mich selbst erfahren. In keiner anderen Zeit in meinem Berufsleben fühlte ich mich anderen Menschen so nah und verbunden. Ich lernte, meine Behinderung ganz bewusst einzusetzen, um diese Nähe zu schaffen. Sie wurde zu meinem Schlüssel für Vertrauen. Eine Patientin sagte mir mal, dass es nicht nur an meiner offenen und freundlichen Art läge, dass sie gerne mit mir rede. Jeder könne schließlich freundlich tun. Durch die Behinderung nähme sie mich allerdings für voll, weil ich ja schließlich wisse, wie es ist, eine, wie sie sagte »Außenseiterin«, zu sein.

Ich wusste, was sie damit meinte und bedankte mich für ihre Offenheit. Aber selbst während dieser Zeit in der Psychiatrie war da dieses bohrende und quälende Gefühl, noch immer mit angezogener Handbremse durchs Leben zu fahren.

Seit meinem Nachmittag mit Raúl im Park ist alles anders. Direkt nachdem ich mich von Raúl verabschiedete hatte, fuhr ich nach Hause, schloss mich für zwei Wochen in meiner Wohnung ein und durchstöberte das Internet nach Blogs. Ich wollte bloggen, das wusste ich jetzt! Aber worüber?! Darauf hatte ich bis jetzt noch keine befriedigende Antwort gefunden.

Schon als Teenie schrieb ich Kurzgeschichten über meinen Alltag. Das mache ich bis heute. Und immer wieder denke ich, dass ich die ein oder andere Geschichte im Netz veröffentlichen könnte. Aber wen würde das überhaupt interessieren?! Und eignen sich solche belanglosen Kurzgeschichten als Futter für einen Blog?

Erst vor Kurzem habe ich mich bei Twitter angemeldet. Über Twitter bin ich nach und nach auch auf immer mehr Blogs gestoßen, die ebenfalls aus kurzen Texten zu bestimmten Themen bestehen.

Aber was könnte mein Thema werden?

Ich kann nicht über Mode bloggen, weil ich kein Gespür für Trends habe. Ich trage ausschließlich schwarz und lasse knallige Farben nur in Form von Sneakern an meinen Körper. Vielleicht könnte ich über Sneaker schreiben? Meine Sammlung von limitierten

Turnschuhen wächst unaufhaltsam. Sneaker sind das Einzige, was mich modisch irgendwie interessiert. Ich besitze noch nicht mal richtiges Make-Up. Einen Food-Blog kann ich auch nicht starten, weil ich das Kochen genauso gut beherrsche wie das Laufen.

Ich stütze mich vorsichtig auf meinen Arm, in dem eine Kanüle für die Infusion steckt, beuge mich rüber zu meinem Nachttisch und greife mir einen Kugelschreiber und mein Notizheft, das neben einem einsamen Zwieback liegt. Wenn mein Kopf Karussell fährt, dann hilft es mir, eine meiner geliebten Listen anzulegen.

Fakten über mich und mein Leben:

1. Ich habe zwei jüngere, tolle Brüder.
2. Mein Rekord im Tauchen ohne Luft holen liegt bei 2:16 min.
3. Tiere sind mir suspekt. Ich möchte keine fremden Hunde oder Katzen streicheln.
4. Ich kann »Ein Mensch zu sein« von Arielle auswendig auf Deutsch und auf Englisch singen. Das erzähl' ich auch jedem, der mich neu kennenlernt. Unaufgefordert.
5. Mein größter Albtraum ist, dass mich ein Hai bei lebendigem Leib auffrisst.
6. Ich spreche fließend Niederländisch.
7. Ich liebe es, bei anderen Pickel auszudrücken. Je ekliger, desto besser.

8. Ich kann auf zehn verschiedene Arten sagen: »Es ist nichts«, wobei nicht eine davon »Es ist nichts«, bedeutet.

9. Als Jugendliche hatte ich regelmäßig erotische Träume von Batman. Heute auch noch.

10. Ich vermisse es, durch Sand zu laufen.

11. Schon mit neun Monaten konnte ich laufen. Vielleicht habe ich geahnt, dass die Zeit knapp wird.

12. Ich singe am liebsten in Badezimmern oder auf Toiletten, weil es da so schön hallt.

13. Ich wiege 64 kg.

14. Am meisten liebe ich an mir meine Nase, meine Schultern und meine Brüste.

15. Ich hasse meine Knie! (Danke Mama, danke Oma!)

16. Ich gebe mein Geld am liebsten für Sneaker aus.

17. Ich liebe O-Saft.

18. Als Kind und Jugendliche bin ich dreimal von zuhause ausgerissen und wurde jedes Mal von der Polizei nach Hause gebracht (nein, ich hatte keine schlechte Kindheit).

19. Ich habe mal in der Drogerie Wimperntusche geklaut.

20. Meine Mama war 21 Jahre alt, als ich ihre Tochter wurde.

21. Es gibt eine bestimmte Art Pflasterstein, über die ich besonders gerne fahre. Das kitzelt dann immer so schön.

22. Mein schönster Urlaub war auf den Malediven.

23. Ich kann nicht kochen und habe auch keinerlei Interesse, es jemals zu lernen.

24. In meiner Wohnung mag ich es minimalistisch.

25. Ich liebe Celine Dion und kann alle Lieder mitsingen. Sehr laut.

26. Für limitierte Sneaker habe ich schon mal eine Nacht vor dem Laden gecampt.

27. Früher bin ich Skateboard gefahren.

28. Ich gehe jeden Abend mit Heizdecke ins Bett. Auch im Sommer.

29. Einmal hat mich mein Nachbar durchs Fenster beobachtet. Da ist mir vor Schreck mein Handtuch vom Körper gefallen. In Zeitlupe.

30. Ich mag keine Süßigkeiten und kann mich nicht erinnern, wann ich das letzte Mal Schokolade gegessen habe.

31. In meiner Schulzeit bin ich in keine Klausur ohne Spickzettel gegangen. Meistens habe ich sie gar nicht benutzt, aber es war gut, sie bei mir zu wissen.

32. Natürlich gucke ich das Dschungelcamp! Ich finde es hochinteressant.

33. Vor dem Essen ist mir schlecht, nach dem Essen ist mir schlecht und dazwischen habe ich Hunger.

34. Als Kind wollte ich Nancy oder Jill heißen. Heute nicht mehr.

35. Als Jugendliche habe ich mit offenem Fenster geschlafen in der Hoffnung, entführt zu werden. Pubertät halt.

Nachdenklich kaue ich auf meinem Kugelschreiber. Ich brauche ein Thema, das mir Spaß beim Schreiben bereitet, für das mein Herz schlägt und an dem ich wachsen kann. Ein Thema, das sich nicht aufbraucht und das sich mit mir weiterentwickelt.

Ich lege den Stift weg und starre aus dem Fenster meines stillen Quarantänezimmers.

In meinem Regal zuhause liegen Dutzende Notizhefte, vollgeschrieben mit Geschichten. Lustige und traurige. Geschichten über Nick Tschiller, Batman und über schräge Erlebnisse. Neulich zum Beispiel, da kam so ein Typ auf mich zu, mitten in einem Café, und fragte mich, ob »es denn bei mir im Bett noch laufen würde?«

Ich lache auf und lasse meinen Kopf zurück ins Kissen fallen. Unfassbar, was ich mir als Rollstuhlfahrerin so alles anhören muss …

Und auf einmal, mitten in die weiße Krankenhaus-Stille hinein, ist da dieser Gedanke: Ich könnte über meine Behinderung schreiben.

Vollkommen wach, richte ich mich in meinem Bett auf. Mein Kopf rattert. Das würde allerdings auch die schonungslose Auseinandersetzung und Konfrontation mit mir selbst bedeuten. Mit meinem Körper, meiner Einstellung und meiner Haltung zu all den Dingen, die ein Leben mit Behinderung mit sich bringt. Ich würde mich angreifbar machen, Kritik ernten. Auch Drohungen und Beschimpfungen, wie sie eine befreundete Bloggerin immer dann zu hören bekommt, wenn sie über Feminismus schreibt und offen ihre Meinung kundtut. Könnte ich das ertragen, wenn ich öffentlich über Behinderung und Inklusion blogge, etwas zutiefst Persönliches? Nachdenklich kaue ich auf meiner Unterlippe. Zu diesem Thema scheint jeder eine ganz klare

Meinung zu haben und diese auch unbedingt verteidigen zu wollen.

»Ist Inklusion überhaupt für alle gut?«, ist ein Satz, den ich immer wieder lese. Es macht mich so wütend, dass diese Art von Fragestellung immer noch vertreten wird. Und wenn ich sehe, welche Rechte ich und andere Behinderte in Deutschland nicht haben, werde ich noch wütender. Wenn ein von mir gestalteter Blog es irgendwie schaffen könnte, im Hinblick auf diese Thematik aufzuklären und zu sensibilisieren, dann könnte ich mich endlich mit Spaß an meiner Behinderung »austoben«.

Gedankenverloren schiebe ich ein paar abgebrochene Salzstangen auf meinem Teller hin und her. Das wär' ja was, denke ich und fühle, wie mein Herz aufgeregt pocht.

Zwei Tage nach Weihnachten teilt mir die Ärztin die Ergebnisse des Blut- und Stuhltests mit. Sie steckt ihren Kopf samt Mundschutz durch den Türspalt meines Zimmers und erklärt: »Norovirus. Sie müssen noch mindestens drei Tage hierbleiben und es aussitzen«.

Ich nicke und bin erleichtert. »Norovirus«, wiederhole ich, den Blick auf die weiße Zimmerdecke gerichtet. »Norovirus!«, sage ich laut und fange an zu lachen.

Im Krankenhaus in Quarantäne zu sein, ist das Beste, was mir hatte passieren können. Vier Tage lang rede ich mit niemandem, außer mit meinem Krankenpfleger Tim und kurz mit meiner Mutter am Telefon. Hier drinnen gibt es nur Stille wie in einem Schweigekloster. Genug Stille, um mich endlich wieder selbst zu hören.

Die vor dem Wolf singt

Textsicher bewege ich meine Lippen zu Celine Dions »The power of love«. Ich lehne mich entspannt in den Sitz des ICEs, der mich zurück nach Berlin bringt. Als die Dion ihr »Loooooove« im großen Finale in der vierten Oktave schmettert, strecke ich meine geballte Faust voller Inbrunst in die Luft.

Völlig unbeeindruckt von unserer Gesangskunst zieht draußen die Welt vorbei. Die Seile der Strommasten hängen traurig über grünen und braunen Feldern. Mein Blick erfasst einen Hasen hinter einem halbhohen Busch. Dann ein Reh, mitten auf einem gepflügten Acker. Ich sehe eine Kuh auf einer grünen Wiese, zufrieden wiederkäuend. Und dann, aus den Augenwinkeln, erhasche ich einen Blick auf einen Wolf, nur einen kurzen Wimpernschlag lang.

Oh mein Gott!

Ich bin ganz sicher – da war gerade ein grauer, großer Wolf! Kerzengerade sitze ich in meinem Sitz, ziehe hektisch die Luft ein, reiße mir die Dion aus den Ohren und rufe: »Ein Wolf! Da war ein Wolf!!« Bekräftigend drücke ich meinen Zeigefinger gegen die Scheibe und starre den Fahrgast zwei Sitze neben mir mit weit aufgerissenen Augen an. Der alte Mann schaut irritiert zu mir rüber.

»Da war ein Wolf! Ich schwöre!«, quietsche ich aufgeregt und bis zu den Haarwurzeln vollgepumpt mit Adrenalin, grad so, als ob der Wolf direkt vor mir gestanden hätte. Der Mann schüttelt verständnislos den Kopf und dreht sich entnervt weg. Klar, er hat den Wolf ja nicht gesehen! Scheiße!, denke ich. Jetzt glaubt mir das keiner!

Die Felder von Brandenburg fliegen weiter am Fenster vorbei. Ich bin fast zuhause. Der nächste Halt ist schon Berlin Spandau. Ein kalter Schauer läuft mir den Rücken hinunter. Wie schnell kann so ein Wolf eigentlich rennen?, schießt es mir durch den Kopf. Und wie verhalte ich mich, wenn ein sehr großer und sehr böser Wolf vor mir steht? Vielleicht hänge ich mich heute mal ein bisschen mehr in die Räder, wenn ich den letzten Weg vom Ostbahnhof zu Fuß nach Hause rolle. Sicher ist sicher. Ich schüttle mich und reibe mir mit den Händen über meine Oberschenkel. Es ist auf einmal kalt im Zug.

Ich gebe es zu – ich habe Angst vor Wölfen, furchtbare Angst sogar. Ich habe Angst vor allem, was mich beißen und zerfetzen könnte. Am allermeisten habe ich Angst vor Haien. Ich bin diejenige, die in einem Schwimmbad mit glasklarem Wasser und gut sichtbarem Betonboden jeden Moment damit rechnet, dass plötzlich ein Hai aus der Tiefe hochschießt, sich in ihre Beine beißt und sie bei lebendigem Leib auffrisst. Ich habe vor nichts auf der Welt mehr Angst, als lebendig aufgefressen zu werden. Es ist meine Nummer eins der aller-, aller-schlimmsten Schreckensvorstellungen.

Als Kind hockte ich fasziniert und vor Angst bibbernd vor dem Fernseher und schaute »Der weiße Hai«. Danach ging ich nicht mehr alleine in unseren 1,70 m tiefen Pool im Garten. Wenn ich heute im Meer bade, stehe ich regelmäßig kurz vor einem Herzinfarkt. Ich bin hin- und hergerissen zwischen Pest oder Cholera: Soll ich kräftig schwimmen, damit ich nicht untergehe und ertrinke (was jedoch die Chance massiv erhöht, von einem Hai angegriffen, zerfleischt und gefressen zu werden)? Oder soll ich lieber, so weit es in meiner Möglichkeit steht, die Beine anziehen, damit nur ja kein Hai durch das Gestrampel auf mich aufmerksam wird (was aber wiederum zur Folge hat, dass ich untergehe wie ein Stein und irgendwann absaufe)? Es ist ein ewiges Dilemma und dementsprechend vermeide ich Wasser, das tiefer ist als eine Pfütze.

»Nächster Halt: Berlin Ostbahnhof«, meldet sich knisternd die Zugführerin.

Wie eine kugelsichere Weste schnalle ich mir meine Tasche um, wickle mein Tuch fest um den Hals und setze mich todesmutig zurück in den Rollstuhl. Ich stoße die angehaltene Luft aus und versuche, mich zu beruhigen. Draußen ist es dunkel geworden und mein Gesicht spiegelt sich im Zugfenster. Ich sehe blass aus. Irgendwo hab' ich mal gehört, dass es von Vorteil ist, wenn man größer ist als der Wolf. Prüfend betrachte ich mein Spiegelbild. Wenn ein Wolf vor mir steht, wäre ich, selbst in meinem Rollstuhl, immer noch größer als er. Das ist doch schon mal gut. Und man soll Lärm machen, um ihn zu verschrecken. Das ist eine meiner leichtesten Übungen, denke ich, mich selber ermutigend.

Ich steige aus dem Zug und schlängle mich durch die Menschenmenge im Bahnhof. Draußen angekommen, stecke ich mir die Dion zurück in meine Ohren. In einem Mordstempo fahre ich, meine Lieblingssongs in die Nacht brüllend, nach Hause. Kein einziges wildes Tier traut sich in meine Nähe.

Thorben hämmert an die Tür.

»Moment noch!«, schreie ich durch die lauten Stimmen, die durch die verriegelte Toilettentür dringen. Ich desinfizierc dic Klobrille mit Sagrotan, parke meinen Rollstuhl zum Übersetzen neben der Toilette und rolle dabei aus Versehen über den Abspülknopf, der in den Boden gesetzt ist. Toilettenwasser spritzt nach oben. Ich desinfiziere erneut die Klobrille, ziehe mein kurzes schwarzes Strickkleid über meinen Hintern und schiebe die ebenfalls schwarze Strumpfhose nach unten.

Es ist kalt draußen. Der Winter hält sich hartnäckig in Berlin und eine dünne Schneeschicht bedeckt den Asphalt. Zwei Stunden lang probiere ich zuhause verschiedene Outfits an: Schwarze Leggings mit bordeauxrotem Strickpulli und weißer Bluse drunter, schwarze Leggings mit schwarzer Strickjacke und weißem T-Shirt drunter, schwarze Leggings mit schwarzem Kaschmirpulli und Brosche. Das Einzige, was von Anfang an klar ist: Ich ziehe meine neuen dunkelblauen Asics an.

Endlich ist die Strumpfhose unten. Ich rutsche rüber aufs Klo und ruckel mich zurecht. Erneut hämmert es an die Tür. Die Klinke wird dabei zweimal ungeduldig nach unten gedrückt.

»Ich brauch' noch kurz!«, rufe ich genervt und lasse erleichtert den Gin Tonic aus mir herauslaufen. Zurück in meinem Stuhl, rolle ich erneut über den Abspülknopf, dieses Mal mit Absicht, und versuche an den Seifenspender zu kommen. Das Waschbecken ist zu tief und als ich die Hand Richtung Wasserhahn ausstrecke, drückt der Waschbeckenrand gegen meine Brust. Mein Arm ist zu kurz, meine Brüste zu groß. Irgendwas ist immer. Seufzend sprühe ich mir Sagrotan in die Hände.

»Wie lange brauchst du denn noch?!«, ruft Thorben von draußen und klopft zum gefühlt zehnten Mal an die Tür der Behindertentoilette der Schaubühne in Berlin. Ich schließe die Augen. Dann schaue ich nach oben in den Spiegel, der an einer Kordel an der Wand über dem großen Waschbecken hängt. »Wat für ein Honk«, flüstere ich mir zu.

»Sag' mal, brauchst du Hilfe da drinnen?«

»Nein! Ich brauch nun mal zwei Minuten läng…«, brülle ich und werde vom sprudelnden Wasser übertönt, als ich am Klo vorbei über den Spülknopf in Richtung Tür rolle.

»Ich versteh' dich hier draußen nicht!«

Warum tue ich mir das hier nur an?!

»Alter!«, schreie ich und reiße mir den Schal vom Hals. Ich koche vor Wut und begreife auf einmal, was meine Mutter meint, wenn sie sagt, dass eine Hitzewelle sie überrollt. Wie ein Tsunami, der unaufhaltsam auf dich zukommt und dann mit aller Kraft über dich hinwegrollt. Ich greife mein Bein und schmeiße meinen Fuß aggressiv auf den Spülknopf im Boden. Dann noch einmal und noch einmal und versuche dabei, die Tsunami-Welle der Wut so gut es geht das Klo hinunterzuspülen, bevor ich mit zittriger Hand und rotem Kopf den Verschluss der Tür auf »öffnen« drehe.

»Na endlich!«, begrüßt mich Thorben ungeduldig.

Ich werfe ihm einen tödlichen Blick zu und fahre wortlos an ihm vorbei.

Es ist Thorben, der mich nach unserem ersten missglückten Date unbedingt wiedersehen will.

»Ich habe mich bei unserem letzten Date irgendwie gehemmt gefühlt und dachte, dir damit ein schlechtes Gefühl gegeben zu haben«, schrieb er mir vor ein paar Wochen.

»Gehemmt?«, schrieb ich zurück, obwohl ich genau weiß, dass er damit auf meine Behinderung anspielt. Ich war ja an diesem Abend auch anwesend und habe sein »gehemmt sein« als spitze Stiche in meinen Bauch gespürt.

Meistens ist es an mir, Unsicherheiten bezüglich meiner Erscheinung als Frau mit Behinderung beiseitezuräumen. In der Regel gelingt mir das auch problemlos. Aber nicht bei Thorben. Meine natürliche und lustige Art reicht an unserem ersten Abend nicht aus, um ihn von seinen »Hemmungen« zu befreien. Das tut mir leid, aber die Zeiten, in denen ich mich dafür verantwortlich gefühlt hätte, sind schon lange vorbei.

»Ich wusste nicht, wie ich dich anfassen sollte, geschweige denn etwas härter. Und dann habe ich es sein lassen, aus Angst, mich lächerlich zu machen und bin gegangen.«

»Ich hatte keine Erwartungen an diesen Abend. Fühlst du dich jetzt schlecht?«

»Ich fühlte mich schlecht, weil ich dachte, dir ein komisches Gefühl gegeben zu haben. Dass ich doch nicht interessiert sei wegen des Rollstuhls, obwohl das ja gerade reizvoll war. Ich hätte sogar an dem Abend gerne mit dir geknutscht, aber dann war der Moment vorüber, an dem man das hätte starten können. Und dann machte sich schon dieses merkwürdig betretene Schweigen zwischen uns breit. Ich hab' die ganze Zeit hin und her überlegt: Schon eine hübsche Frau, schon eine ziemliche Granate. Aber wie mach' ich das jetzt? Hebe ich sie einfach aus dem Rollstuhl? Wie fest darf ich sie anfassen? Und was, wenn ich ihr weh tu? Da lief schon vorneweg so ein krasser Film in meinem Kopf ab, dass ich dann einfach lieber gegangen bin. Und irgendwie habe ich mich deshalb immer komisch und schlecht zugleich gefühlt.«

Nach einer langen Durststrecke habe ich wieder mit dem Daten angefangen und mich bei Tinder angemeldet. Natürlich ganz ohne die Erwartung, die große Liebe zu finden. Alles, was ich will, ist Sex. Unverbindlich und ohne große Gefühlsduselei. Ich lege mir also ein Profil an, mit drei Fotos von mir.

»Zeigst du auch deinen Rollstuhl?«, fragt mich eine Freundin, als ich ihr von meinem Vorhaben erzähle.

»Klaro! Der gehört doch zum Gesamtpaket!«, rufe ich aus und lade neben einem Foto, auf dem nur mein Gesicht zu sehen ist, ein weiteres Bild von mir hoch. Es zeigt mich von hinten auf einem Balkon, wie ich entspannt zurückgelehnt im Rollstuhl relaxe und dabei meinen Blick über den Alexanderplatz in Richtung Sonnenuntergang schweifen lasse. Darunter schreibe ich: »Es ist wie Sex mit meinem Rollstuhl: Er quietscht, ich stöhne«.

Das kommt ganz offensichtlich an, denn beinah jeder, mit dem ich mich bei Tinder matche, nimmt diesen Spruch als Aufhänger für ein Gespräch. Zu meiner positiven Überraschung nehmen sich nur sehr wenige heraus, diesen Satz als »Sex-mit-einer-Frau-im-Rollstuhl-Einladung« zu interpretieren. Viele schreiben stattdessen so Sachen, wie: »Ob dein Rollstuhl wohl mit meinem Fahrrad verwandt ist?!«

Und genau diese Lockerheit und Selbstverständlichkeit mag ich. Sie nimmt auch mir etwas von meiner eigenen Unsicherheit. Denn natürlich spukt die Frage, ob und wie der Rollstuhl wohl bei Männern ankommt, auch in meinem Kopf herum. Da kann so ein flapsiger Satz schon mal in einem einzigen Moment allen Grusel hinwegfegen, den das Wort »Rollstuhl« heute noch umgibt. Dann macht es keinen Unterschied mehr, ob man über Rollstühle oder Bananen spricht.

Die letzten Wochen sitze ich mit vielen Männern in Bars, Cafés und Restaurants und lande mit manchen in meinem Bett oder auf dem Küchentisch. Wenn die Frage nach meiner Behinderung kommt, und die kommt lustigerweise nur sehr selten, wird sie von mir unaufgeregt beantwortet und das Thema ist mit einem: »Ah, okay« abgehakt.

Einmal fragt mich ein Typ etwas unsicher, als ich nach kurzem und rasantem Petting halb nackt auf seinem Schoß sitze und wir gerade ins nächste Level übergehen wollen, was er denn jetzt machen solle. Natürlich weiß ich sofort, was er meint und worauf er hinauswill. Da ich aber ein Biest sein kann, frage ich ihn mit einem unschuldigen Lächeln: »Oh wie süß, du bist noch Jungfrau?«, woraufhin er herzhaft lacht und da weitermacht, wo wir kurz zuvor aufgehört haben. Als Frau tut es mir unheimlich gut, auf diesen Menschenschlag von Mann zu treffen. Diese Männer und ihr Umgang mit mir vermitteln mir, dass ich okay bin und mich wohlfühlen darf, so wie mich die Natur gemacht hat. Bis jetzt bin ich in dieser Online-Dating-Phase hauptsächlich Männern begegnet, die meine Behinderung zwar sehen, sich aber nicht von ihr blenden und einschüchtern lassen. Vielleicht habe ich nur Glück. Vielleicht habe ich aber auch feine Antennen, die mich sofort warnen, wenn ein Hodensack-Gesicht versucht, in meine Nähe vorzudringen. Die Fahne mit der Aufschrift: »Oh, ein Arschloch. Gleich mal verlieben!«, hängt seit der Geschichte mit Ben nur noch auf halbmast. Gerade so hoch, dass ich jederzeit gut drankommen könnte, um sie für immer herunterzureißen und zu verbrennen.

Thorben hat von Anfang an ein großes Interesse an der Tatsache, dass ich einen Rollstuhl benutze. Die Frage nach dem »Warum« überspringt er dabei und steigt direkt in die konkreteren, pikanten Details ein: Ob ich alles fühlen würde, wie ich Sex empfinde und ob es eher »kompliziert« sei mit dem Rollstuhl und so.

Beim Schreiben mit Thorben ignoriere ich meine Alarmglocke, die mir signalisiert: Der will sich selbst nur mal ausprobieren und einen Haken hinter »mit Rollstuhlfahrerin geschlafen« machen. Ich ignoriere meine innere Stimme, weil ich wissen will, wie es sich anfühlt, objektiviert und – ich gebe es zu – benutzt zu werden. Und natürlich ignoriere ich sie, weil ich den Typen einfach geil finde.

Er sieht gut aus, ist schlagfertig und wirkt arrogant. Er fasziniert mich. Durch seine überspitzten und teilweise unverschämten Bemerkungen sickert Verunsicherung und genau darin sehe ich meine persönliche Herausforderung. Ich will wissen, was einen Mann dazu treibt, die Fantasie ausleben zu wollen, mit einer Frau im Rollstuhl Sex zu haben. Ich nehme mir vor, Thorben nicht dafür zu verurteilen. Schließlich muss jeder für sich selbst herausfinden, wie man zu diesem und anderen Themen steht.

So habe ich es mir vor unserem ersten Date ganz nüchtern überlegt. Und dann treffen wir uns und irgendwann, völlig unvermittelt und aus dem Nichts, sucht Thorben das Weite, rennt vor mir weg. Als Frau mit einem breitgefächerten Emotions-Repertoire macht mir das zu schaffen. Abgewiesen zu werden, aus welchen Gründen auch immer, tut weh.

Aber weil ich geil auf den Typen bin, rede ich mir die Scheiße schön. Wenn du ihn unter diesen Voraussetzungen in dein Leben lässt, musst du auch mit den möglichen Konsequenzen umgehen, erkläre ich mir selbst. Wenn du weißt, dass da jemand ist, der noch nie auf diese Art mit Behinderung konfrontiert wurde, musst du ihm den Raum geben, damit überfordert sein zu dürfen. Und weil ich finde, dass jeder (zumindest jeder, auf den ich scharf bin) eine zweite Chance verdient, wenn er einen Fehler eingesteht, beantworte ich Thorbens Frage, die eigentlich eher nach einer Bitte klingt, ob er es »noch mal mit mir probieren könne?«, mit einem: »Klar! Wann?«

Ja, manchmal ist man so unfassbar blöd, dass es einfach nur wehtut.

Weil ich »auf 'nen Kaffee« oder »auf ein Bier« eher ideenlos und zu wenig dramatisch finde und weil ich auch nicht schon wieder eine Absage von Thorben kassieren will, besorge ich zwei Theatertickets für »Hamlet« und mache die Ansage, dass ich einlade und das Essen davor auf seine Kappe geht.

Jeder, der das Stück »Hamlet« bisher gesehen hat, fällt in einen Modus von Schwärmerei und Anbetung. Nicht für Shakespeare, sondern für den Hauptdarsteller – Lars Eidinger. »Du musst dir das ansehen!«, sagen sie alle. Was mich fast dazu bewegt, auch weiterhin dieses Stück zu meiden. Dabei liebe ich das Theater. Leute schreien sich dramatisch an und reißen sich exzentrisch die Klamotten vom Körper.

Das Dinner beim Italiener gegenüber der Schaubühne sagt Thorben kurz vorher per sms ab. Leicht verstimmt und furchtbar hungrig treffe ich ihn um 19:00 Uhr vor der Theaterkasse. Er umarmt mich zaghaft und beobachtet mit steiler Stirnfalte, wie ich versuche, mich aus meinem Wintermantel zu pellen und dabei mit meinem rechten Arm im Mantelfutter hängen bleibe.

»Soll ich den mit zur Garderobe nehmen?«, fragt Thorben und deutet auf meinen Mantel.

»Ja, gerne. Kannst du mal ziehen, bitte?«

»Ach so, ja, wo denn?«, fragt er, während er sein brummendes Handy aus der Hose fischt. Ich strecke ihm meinen feststeckenden Arm hin: »Hier«.

Mit einem kräftigen Ruck zieht Thorben am Mantel und katapultiert mich beinah aus meinem Rollstuhl. Als ich mein Gleichgewicht wiedergefunden habe, sehe ich nur noch, wie er mit meinem noch auf links gedrehten Mantel unterm Arm die Treppe zur Garderobe heruntergeht und dabei etwas in sein Handy tippt. »Kein Problem. Mir geht's gut. Danke für Nichts«, flüstere ich ihm hinterher und mache mich auf die Suche nach etwas Essbarem.

Um 19:18 Uhr findet mich Thorben an der Bar. Noch immer telefonierend bleibt er vor mir stehen. Ich ziehe ein paar Züge Gin Tonic durch den Strohhalm (Erdnüsse gibt's erst in der Pause, also musste ich auf Flüssignahrung umsteigen) und betrachte seine dichten dunkelroten Brusthaare, die aus dem großzügigen V-Ausschnitt seines weißen T-Shirts hervorschauen. Sofort fängt meine Nase an zu kribbeln.

Eine ältere Dame mit großen Ohrringen stolziert auf hochhackigen Fellstiefeln an mir vorbei. Sie lächelt mich verschwörerisch an und hebt eine ihrer dünn gezogenen Augenbrauen. Ein Mann mit weißem Haar und dunkelgrünem Rollkragenpullover bleibt vor der

Dame stehen und begrüßt sie mit einem Handkuss. Genau so, denke ich und schaue rüber zu meinem Date, das immer noch telefoniert, mir keinen Handkuss zur Begrüßung gegeben hat und mir sowieso keinerlei Beachtung in diesen ersten Minuten des zweiten Anlaufs schenkt. Eine schrille Glocke läutet. Leute bewegen sich langsam Richtung Theatersaal.

»Du sorry, das war kurz wichtig«, entschuldigt sich Thorben.

»Wir müssen rein. Es geht los«, sage ich verschnupft.

»Ja, ich muss nur eben noch meiner besten Freundin antworten. Die feiert heute und fragt, ob ich später noch dazukomme«, entschuldigt er sich erneut und greift wieder nach seinem Handy.

»Und? Gehst du hin?«, frage ich und bereue diese dumme, unterwürfige Frage in dem Moment, als mir Thorben neckisch ins Gesicht grinst: »Kommt drauf an«.

Ich sitze in meinem geliebten Theater, Lars Eidinger als Hamlet springt wild auf der Bühne herum, brüllt und reißt sich die Kleider vom Leib – aber ich bekomme von all dem nur die Hälfte mit, so sehr bin ich in meinem Kopf mit dem Mann beschäftigt, der neben mir sitzt und stoisch das Stück verfolgt. Ich könnte kotzen. Oder heulen.

Nach dem frenetischen Schlussapplaus gehe ich mit Thorben wieder in die Bar. Über den langen Flur der Schaubühne ertönt Hip-Hop-Musik. Leute sitzen verteilt auf den schwarzen Lederbänken an der Fensterfront. Eine Frau mit blondem Pagenschnitt lächelt mich mit grellrot geschminkten Lippen freundlich an. Ich könnte einen echt tollen Abend haben, denke ich, irritiert von meinem eigenen Verhalten. Auf welchem Sado-Maso-Trip bin ich eigentlich?! Vor lauter Frust und Hunger genehmige ich mir einen weiteren Gin-Tonic und ziehe den Alkohol gierig den Strohhalm hoch. Thorben sitzt mir gegenüber und erzählt seit einer gefühlten Ewigkeit davon, dass ihm sein Haarschnitt nicht gefällt. »Es ist mir hier einfach zu kurz«, beschwert er sich und fährt sich mit der flachen Hand über sein stocksteif gegeltes und zu kurz geschnittenes braunes Haar.

»Ja, sieht wirklich komisch aus«, rutscht es mir heraus und ich unterdrücke einen Rülpser. Ich hab' gerade echt andere Sorgen. Der Druck meiner Blase wird immer unerträglicher und hektisch fange ich an, mit dem linken Bein zu wippen. Thorben erzählt weiter über die Schwierigkeit, den richtigen Friseur zu finden. Ich beiße mir nervös auf die Lippen. »Du, ich pinkel mir gleich in den Rollstu…«

»Du kannst ja dein Bein bewegen!«, ruft Thorben mit großen Augen aus. »Bist du gar nicht querschnittsgelähmt?!«

Für die meisten Menschen scheint es nur zwei Gründe zu geben, einen Rollstuhl zu benutzen: Querschnittlähmung oder Multiple Sklerose. Dass es noch tausend andere Gründe gibt, warum man in einem Rollstuhl sitzt, scheinen die wenigsten auf dem Schirm zu haben.

Ach du Scheiße, denke ich und sage: »Ich geh' mal auf die Toilette. Entschuldige mich.«

Und dann hocke ich auf dem Klo und frage mich, warum ich mir schwachsinnige Schilderungen von Friseurterminen anhöre und wie bestellt und nicht abgeholt rumstehe, während mein Date sich einen interessanten Abend mit seinem Handy macht. Warum lasse ich peinliche Fragen zu meiner Behinderung über mich ergehen und komme mir dabei auch noch klein und doof vor? Das ist die reinste Fleischbeschauung. Ich, Laura, als Frau mit einer Persönlichkeit, hab' hier gar keinen Platz.

Thorben hämmert gegen die Tür der Toilette, nicht zum ersten Mal.

»Brauchst du Hilfe da drinnen?«

»Ich wasche mir die Hände, du Hodensack-Gesicht«, grummle ich leise vor mich hin, bevor ich laut rufe:

»Nein! Ich brauche nun mal zwei Minuten län...« – die Klospülung rauscht laut los.

»Ich verstehe dich hier draußen nicht!«

Vor Wut fast platzend, reiße ich mir den Schal vom Hals. Der Typ ist ein Arschloch, Laura!

»Alter!«, brülle ich durch die Tür und drehe schnaubend den Türknauf auf »öffnen«. Schwungvoll reiße ich sie auf.

»Na endlich!«, begrüßt mich Thorben ungeduldig.

Ich werfe ihm einen tödlichen Blick zu und fahre wortlos an ihm vorbei in Richtung Saal C., in dem Lars Eidinger Musik auflegt. »Autistic Disco«, immer samstags nach dem Stück.

Thorben rennt hinter mir her und holt mich von hinten ein.

»Hey, gehen wir tanzen?« Frech grinsend schaut er mich an. Der Kerl hat Nerven.

»Ich gehe tanzen. Wenn du mitkommen willst, komm mit!«, geb' ich ihm zu verstehen und drücke mich durch die Leute.

Später, am Rand der Tanzfläche, trinke ich einen Drink, der im Neonlicht weiß leuchtet. Thorben steht neben mir und tippt in sein Handy. In meiner Wut male ich mir aus, wie er schon den ganzen Abend irgendwelche Statusberichte an seine beste Freundin schickt, die laut Thorben »eigentlich mal was von ihm wollte«, und die er mit dem Satz: »Ich will unsere Freundschaft nicht gefährden«, vom berühmten Tonband mit dem Titel: »Lass uns Freunde bleiben«, abserviert hatte. Ich betrachte Thorbens Profil und bin entsetzt darüber, dass mein Unterleib gierig zuckt, während ich gleichzeitig aus Ekel vor seiner geballten Ladung Arroganz kotzen könnte. Entnervt und verwirrt trinke ich den Neon-Drink in zwei Zügen leer, lasse den leeren, durchsichtigen Pappbecher vor Thorbens Füßen auf den Boden fallen und quetsche mich durch die tanzende Menge in Richtung Mischpult.

Dahinter steht Lars Eidinger. Um mich herum brüllen die Leute »Yuppie Yuppie Yeah, Yuppie Yeah, Krawall und Remmidemmi«, zu Deichkind und springen und tanzen und schwitzen im Takt. Ich sauge den Geruch von Schweiß und Rauch tief in meine Lunge.

»Ich muss jetzt los! Meine beste Freundin feiert heute noch!«, schreit mir Thorben ins Ohr.

Ich nicke, meinen Blick weiter starr aufs Mischpult und den Mann dahinter gerichtet. Langsam füllen sich meine Augen mit Tränen und Lars Eidinger verschwimmt.

Wenn der Wunsch, seine Neugierde zu befriedigen und mit mir, einer Frau im Rollstuhl, schlafen zu wollen, größer ist, als sich auf mich als Mensch einzulassen, der viel mehr ist als seine Behinderung, ist das wirklich schade. Es offenbart die typische Unsicherheit von Menschen wie Thorben, die sich nur auf die Behinderung versteifen und den Menschen davor und drumherum nicht mehr wahrnehmen. Blöd, wenn man sich selbst so behindert.

Aber um Thorben und sein Problem geht es hier nur am Rande.

Das Erniedrigendste von allem ist nicht, dass er mich nach einer kurzen Begutachtung abschreibt und für sich entscheidet, dass ich in diesem »krassen Film« seiner Fantasie keine Rolle spielen werde. Nicht beim ersten Abend, nicht an diesem Abend und auf keinen Fall an irgendeinem anderen Abend. Ich erfülle scheinbar nicht seine Anforderungen an »seine Frau im Rollstuhl, mit der er eine heiße Nummer schieben (!) will«, und egozentrisch und unsensibel wie er ist, lässt er mich das im Laufe des Abends auch deutlich spüren.

Ich hätte mich selbstbewusst und äußerst zufrieden damit, dass ich als reines Objekt ganz offensichtlich nicht tauge, umdrehen können. Ich hätte ihm einen ordentlichen Spruch reinwürgen können und hätte so vielleicht noch den äußersten Zipfel meiner Würde zu packen bekommen. Aber ich tue nichts dergleichen.

Ich bleibe. Das ist das Aller-Allerschlimmste.

Ich lasse nicht nur Thorben auf mir herumtrampeln, sondern trete auch selber noch mal ordentlich nach.

Und das ist der schmerzhafteste Tritt von allen, die ich in meinem Leben je bekommen habe.

Meine Behinderung, der Arschlochfilter

Es hat Zeit und einige Männer gebraucht, um mir meinen Weg durch den Beziehungs-Dschungel zu bahnen.

Nach Thorben habe ich aufgehört, mich von Männern finden zu lassen, die nicht wissen, was sie wollen und nicht mehr in mir sehen als ein exotisches Abenteuer. Diese bestimmte Sorte Männer, die bei Frauen auf den ersten Blick gut ankommen, die jede haben können und schon alle gebumst haben, sehen aus lauter Langeweile in mir ihre ganz persönliche Herausforderung. Aber das reicht mir nicht mehr, hat es nie getan. Denn ich bin sehr viel mehr als das.

Gleichzeitig strebe ich aber auch nicht mehr danach, den perfekten Traumpartner – was auch immer »perfekt« hier bedeuten mag – zu finden und habe gelernt, keine utopischen Erwartungen mehr zu haben.

Ganz ehrlich, das ist mir auch einfach zu anstrengend. Denn egal, wie sehr ich selber weiß, was ich mir von einem Partner wünsche oder wie viel Kompromisse ich bereit bin einzugehen, ich kann nicht verhindern, dass in meinem Gegenüber ein Film abgeht in dem Moment, wo er mich vor sich sitzen sieht.

Meine paradoxe Erscheinung scheint auf viele Männer eine faszinierende Wirkung zu haben: Auf der einen Seite bin ich sehr selbstbewusst, gehe sicher mit meinem Körper um, bin laut und manchmal lustig und wirke nach außen stark und unabhängig. Auf der anderen Seite trage ich eine ganz offensichtliche Schwäche mit mir herum. Nur durch mein reines Äußeres schmiere ich ganz automatisch jedem aufs Brot, dass ich in meinem Leben auch schon harte, prägende Zeiten erlebt habe und womöglich auf Hilfe angewiesen bin.

Viele Männer sind da hin- und hergerissen, in welche Schublade sie mich denn nun stecken sollen: Bin ich die selbstbewusste, schöne, halbwegs kluge Kodderschnauze oder doch das eingeschränkte, hilflose und leider, leider behinderte Blondchen?! Es ist paradox, es ist verwirrend, es ist faszinierend. Und es ist in Ordnung für mich.

Mir selber geht es nicht anders. Auch ich schwanke manchmal in meinen Reaktionen auf Männer: Wenn ich Kritik und Schmerz nicht an mich heranlassen will, ist es sehr verlockend, dem Partner die Schuld für das Scheitern in die Schuhe zu schieben. Wenn er nur besser mit meiner Behinderung hätte umgehen können, dann wären wir noch zusammen …Dass mich der Typ aber vielleicht einfach nur zu dominant, vorlaut oder schlichtweg bescheuert findet, darauf schaue ich dann lieber nicht. Genauso wenig, wie ich mir manchmal vorstellen kann, dass mich jemand einfach nur geil findet, weil ich genau sein Typ Frau bin. Vielleicht verstecke ich mich sogar in diesen Momenten hinter meiner Behinderung, aus meiner eigenen Unsicherheit heraus, wer weiß.

Ein weiteres Phänomen meiner Behinderung ist, dass mir aufgrund meiner eingeschränkten Mobilität auch eingeschränkter Sex unterstellt wird.

»Wie soll das denn funktionieren, wenn du noch nicht mal laufen kannst?«, wurde ich einmal gefragt. Oder es wird davon ausgegangen, dass ich einfach nur passiv rumliege und der Sex sowieso nicht gut sein kann.

Solche Fragen und Vorstellungen sind strohdumm. Sie zeugen von mangelhaftem Vorstellungsvermögen und fehlender Fantasie. Das Gute an gutem Sex ist, dass es den guten Sex gar nicht gibt. Jeder muss für sich selbst entdecken, was sich gut anfühlt, wo und wie man zu seiner Befriedigung kommt und wie man Befriedigung an seine Partnerin oder seinen Partner zurückgeben kann – ob mit oder ohne Behinderung. Ein gutes Körpergefühl und Kommunikationsfähigkeiten sind wohl die Schlüssel zu einem erfüllten Sexualleben.

Da meine Behinderung mich täglich dazu bringt, mich intensiv mit meinem Körper auseinanderzusetzen und meine Kreativität zu optimieren, führe ich auf allen Ebenen ein sehr erfülltes Leben. Und da ich auch noch eine gute Portion Humor, gerne auch schwarzen, vorzuweisen habe, ist der Spaß und die Leidenschaft schon mal gesichert. Läuft.

Beziehung bedeutet neben gemeinsamen Urlauben, Partys und morgendlichem Sex aber auch Arbeit. In gewissen Situationen muss man zurückstecken, um des Partners Willen und Glück. Man geht Kompromisse ein, die sich aber im besten Falle gar nicht nach Kompromissen anfühlen. Denn wenn man wirklich liebt, ist es auch für einen selbst das Schönste, wenn der andere glücklich ist. Eine Wechselwirkung, an der man wächst und durch die man sich selbst besser kennenlernt.

Mit meiner Behinderung bin ich schon oft dem Vorurteil begegnet, dass mein jeweiliger Partner in unserer Beziehung besonders viele Kompromisse eingehen muss. Meine Partner hören Sprüche, wie: »Warum tust du dir das an?«, oder »Hast du dir das auch gut überlegt?«

Das ist einerseits sehr schade, weil solche Sätze ihre Entscheidungsfreiheit und letztendlich auch ihre Liebe zu mir in Frage stellen. Andererseits lässt es mich aber auch verärgert zurück, wenn mein Partner als der starke, mutige und fürsorgliche Mann glorifiziert wird und die Leute ihm anerkennend auf die Schulter klopfen. Nur weil er sich in eine Frau im Rollstuhl verliebt hat. Ich fühle mich dadurch in ein schlechtes Licht gerückt und als Bittstellerin abgestempelt.

Dieses vorurteilshafte Verhalten brachte mich schon oft in die Verlegenheit, das Gegenteil beweisen zu wollen. Lange Zeit schämte ich mich für mein Unvermögen und fühlte mich in der Bringschuld. Und so schleppte ich mich auf Festivals und Konzerte und ging dabei an meine körperlichen Grenzen, zu oft auch über sie hinaus. Oder ich bestellte mir im Restaurant ganz bewusst kein Steak, weil ich in der rechten Hand wenig Kraft habe und auf keinen Fall vor anderen meinen Partner um Hilfe beim Schneiden bitten wollte. Ich wollte meinem Umfeld keinen weiteren Nährboden für solche Vorurteile liefern und versuchte mit aller Kraft, so autark wie nur irgend möglich zu sein. Bis ich entdeckte, dass mich dieser ständige Zwang, meine »Normalität« beweisen zu wollen, viel mehr anstrengte, als offen und ehrlich mit den Folgen meiner Behinderung umzugehen und auf die Meinung der anderen zu scheißen. Und zwar einen riesengroßen Kackhaufen.

Wenn ich heute signalisiert bekomme, dass Menschen mir ein schweres, »unnormales« Leben aufgrund meiner Behinderung attestieren, gehe ich, nachsichtiger geworden, einfach mal davon aus, dass diese Leute bisher keine Erfahrungen mit behinderten Menschen gemacht haben und dass ihnen durch die Medien und andere gesellschaftliche Instanzen ein defizitorientiertes Bild von Behinderung vermittelt und anerzogen wurde. Vielleicht wissen sie einfach noch nicht, dass sich behinderte Menschen genauso aktiv und kompromissbereit in Beziehungen verhalten wie ihre nichtbehinderten Partner. Eine Behinderung zu besitzen muss nicht bedeuten, weniger bieten zu können oder mehr zurückstecken zu müssen. Genauso wenig, wie eine Behinderung einen davor bewahrt, ein Arschloch zu sein.

Es bleibt ein lebenslanges Vabanquespiel um ein gesundes Gleichgewicht, wie bei jeder anderen Paarbeziehung auf diesem Planeten auch.

Jeder Mann, der sich für mich entscheidet, muss neben einigen anderen Eigenschaften auch mutig, stark und fürsorglich sein. Ich würde keinen Mann, der nicht diese drei Eigenschaften mitbringt, für mich auswählen. Ich mag diese Eigenschaften an Männern. Sie tun mir gut. Ob das an meiner Behinderung liegt, weiß ich nicht. Ich kenne mich als erwachsene Frau ja nicht ohne Rollstuhl.

Ich weiß aber, dass ich selbst diese Eigenschaften mitbringe und sie dementsprechend auch bei meinem Mann wiederfinden möchte. Das ist wohl mein Glück, denn andersrum glaube ich nicht, dass sich jemals ein Mann auf mich einlassen würde, der nicht mutig, stark und fürsorglich ist.

Nur wer selbstbewusst ist und weiß, was er will und was ihm guttut, wird sich auf mich, eine starke Frau mit Behinderung, einlassen. Nicht, weil er durch diese Eigenschaften über meinen Rollstuhl und meine Behinderung hinwegsehen kann, sondern weil er durch diese Eigenschaften das alles überhaupt erst bewusst wahrnimmt, es als einen Teil von mir akzeptiert und es sogar an mir liebt.

Nur, wer sich als Mann an meiner Seite auf sich selbst besinnen kann und weiß, dass Bescheidenheit nicht bedeutet, sich einschränken zu müssen, wird das Ding – das wäre in diesem Fall dann ich – schaukeln. Kein Mann, der nicht offen für Perspektivwechsel ist, der nicht Vielfalt erkennt und sie zu schätzen weiß, hätte das Selbstbewusstsein, mich an seiner Seite haben zu wollen.

Weil ich ich bin. Laura. Witzig, bestimmt, vorlaut und rechthaberisch. Engagiert, enthusiastisch, hart urteilend und abends wie ein Mimöschen im Bett liegend und auf Liebe hoffend. Meine Behinderung prägt meine Persönlichkeit und ich mag den Menschen, den sie aus sich heraus geformt hat.

Und das Tollste an ihr: Meine Behinderung filtert automatisch all diejenigen heraus, die nicht mehr in mir sehen als eine Behinderte, deren Rollstuhl als Symbol für Passivität und Schwäche steht.

Meine Behinderung ist mein ganz persönlicher Arschlochfilter.

Rollstuhlfahrer-Bullshit-Bingo

Das Zusammentreffen mit Raúl brachte mich zum Nachdenken über vieles, was mir vorher nicht so bewusst war. Meine Wahrnehmung von Behinderung schärfte sich auf verschiedenen Ebenen. Auf einmal fing ich an, meine Rolle als Mensch mit einer Behinderung im gesellschaftlichen und sozialen Kontext zu hinterfragen, und begann, eigene Gewohnheiten und Denkstrukturen zu reflektieren.

Warum war das Straßenbild so wenig von behinderten Menschen mitgeprägt und warum begegneten mir so viele Menschen mit Unsicherheit, mit Ängsten oder mit Mitleid? Mir wurde bewusst, dass ich in einer ziemlich abgefuckten Welt lebte und als Frau, vor allem als Frau mit einer Behinderung, die Arschkarte gezogen hatte. Ich begriff, dass mein Alltag von Diskriminierung geprägt war. Dinge, die ich vorher nur als diffuses, unangenehmes und individuelles Gefühl wahrgenommen hatte, bekamen plötzlich einen Namen: Missachtung, Bevormundung, Ausgrenzung. Auf einmal realisierte ich, dass es hier nicht nur um Erlebnisse ging, die ich, Laura, als Individuum erfuhr, sondern dass es sich um allgemein vorhandene gesellschaftliche und politische

Strömungen und Meinungen handelte. So schlimm die Erkenntnis war, dass es hierbei um ein Massenphänomen ging, so erleichternd war es für mich, diesen Erfahrungen nicht alleine gegenüberzustehen.

Nach diesem besonderen Tag im Park mit Raúl schloss ich mich mit meinem Laptop in meiner Wohnung ein und fing wahllos an, das Internet nach Vereinen, Gruppen, Organisationen und Blogs zu durchsuchen. Ich las mich durch Selbsthilfegruppen für Eltern mit behinderten Kindern und landete auf gruseligen Foren für Männer, die einen Fetisch für behinderte Frauen haben. Ich stöberte mich durch Blogs, auf denen eine Mutter von ihrem Kampf erzählt, ihr behindertes Kind auf eine Regelschule zu schicken oder auf denen ein Mann von den gemeinsamen Reisen mit seiner rollstuhlfahrenden Frau berichtet.

Ich war weggeblasen von der offenen und ehrlichen Unaufgeregtheit, mit der diese Menschen mit ihren Behinderungen umgingen. Der Mut dieser Leute, über ihr Leben mit Behinderung zu berichten, machte mich nachdenklich. Könnte ich das vielleicht auch, so frei und offen über mein Leben mit Behinderung schreiben?

Ich wollte es ausprobieren.

Es gab Sprüche, die ich als Rollstuhlfahrerin ständig zu hören bekam. Meistens von wildfremden Menschen, die mich anquatschten, wenn ich auf den Aufzug oder die U-Bahn wartete, auf Partys an der Bar stand oder beim Einkaufen im Supermarkt war. Das Mitteilungsbedürfnis vieler Menschen gegenüber jungen blonden Rollstuhlfahrerinnen schien sehr groß zu sein. Schon seit Langem schrieb ich mir all diese Sätze in meine Notizbücher.

An einen eigenen Blog mit allem Pipapo traute ich mich noch nicht heran. Lieber wollte ich erst mal einen Testballon starten und unter dem Radar bleiben. Mein Eintritt ins Internet sollte so privat und intim wie möglich sein. Was lag da näher, als genau diese Sprüche zu veröffentlichen?

Ich legte mir unter @LauraGehlhaar ein Twitter-Profil an und begann mit #SätzedieMenschenimRollstuhlständighören über die Sätze, die Menschen im Rollstuhl ständig hören, zu twittern.

Da man für jeden Tweet nur 140 Zeichen hat, mussten es natürlich kurze Sätze sein. Aber dank meiner Sammelwut hatte ich genug Munition, um fleißig meine Tweets rauszuhauen.

»Best of« der Sätze, die Menschen im Rollstuhl ständig hören:

»Sind wir nicht alle ein bisschen behindert?«

»Für mich bist du gar nicht behindert.«

»Soll ich schieben? Ich hab mal Zivi gemacht.«

»Du Arme – so hübsch und dann im Rollstuhl!«

Oder wie meine Oma mit rheinländischem Dialekt mal sagte: »Et isenen Schand!«

»Unfall gehabt? Selbst verschuldet?«

»Ich saß auch mal zwei Wochen im Rollstuhl. Ich weiß, wie das ist.«

»Ich wäre auch mal fast in so einem Ding gelandet.«

»Kann man da noch was machen?«

»Toll, dass du trotzdem rausgehst.«

»Darfst du betrunken Rollstuhl fahren?«

»Kannst du Sex haben?«

»Also, ich könnte das nicht!«

»Sie inspirieren mich.«

»Kann ich Ihnen das irgendwo reinstecken?«

Das, was von mir lustig gemeint war, bekam ein ernstes Echo. Auf einmal meldeten sich andere rollstuhlfahrende Frauen und Männer und twitterten ebenfalls Sätze, die sie aufgrund ihres fahrbaren Untersatzes zu hören bekamen. Ich wurde aufmerksam auf andere Menschen mit ganz unterschiedlichen Behinderungen, bekam Einblicke in andere Lebensrealitäten, die durch Diskriminierung und Ausgrenzung geprägt waren und wusste jetzt ganz, ganz sicher: Ich bin nicht alleine!

Das Internet hatte meine Behinderung sichtbar gemacht. Und ich realisierte, dass mir diese konfrontative Sichtbarkeit unheimlich guttat. Ich kam nicht nur online mit anderen Behinderten zusammen. Es entwickelten sich auch Freundschaften, die weit über den Internetkontakt hinausgingen. Ich wurde, wenn auch noch nicht von vielen, wahrgenommen und das half mir, meinen Frust und Ärger zu verarbeiten und meinen Kampfgeist wiederzufinden.

Je selbstverständlicher ich mich durch Twitter im Internet bewegte, desto mehr erkannte ich, wie viel Aufklärungsbedarf es in Bezug auf behinderte Menschen noch gab. Und wie befriedigend es für mich war, sich dabei nicht den schwarzen Humor nehmen zu lassen. Meine durchaus freche und provokante Art, meine Erlebnisse als Rollstuhlfahrerin zu schildern, kam bei den Lesern gut an. Aber durch die starke Zeichenbegrenzung bei Twitter stieß ich beim Schreiben oft an Grenzen. Das war unbefriedigend und ich dachte nun doch immer öfter über einen Blog nach.

Es war meine Arbeitskollegin Lili, die mir, an einem sonnigen Tag und mit einem Bier in der Hand, tief in die Augen sah und sagte: »Laura, mach das mit dem Blog! Wir glauben an dich. Ich glaube an dich. Und wenn du Unterstützung brauchst, bin ich da.«

Das war mein Startschuss und ab diesem Moment dachte ich fieberhaft über einen passenden Blog-Namen nach.

»Ne, mach lieber nichts mit deinem Vornamen«, riet Raúl mir, als ich ihm meine Ideen am Telefon vorlas:

»lauragehtgarnicht.com«

»lauragehtnicht.com«

»Irgendwann nervt es. Du wirst ja auch älter«, fuhr Raúl fort.

Ich grübelte weiter.

Und dann, ein paar Tage später, fragte mich ein fremder Typ beim Bäcker, warum ich denn im Rollstuhl sitzen würde. Und anders als sonst erwiderte ich nicht eine meiner Standardantworten – dass ich mal Stewardess bei einer privaten russischen Fluggesellschaft gewesen war und nach einem Absturz über Sibirien die einzige Überlebende war oder dass meine Behinderung nur psychisch sei oder dass beim Sex die Sexschaukel aus der Decke gerissen war – stattdessen stellte ich ihm, ohne zu überlegen, eine Gegenfrage: »Darf ich Ihnen erst mal das ›Sie‹ anbieten?«

Und noch beim Aussprechen schoss mir auf einmal der best-passendste-Blogname-ever durch den Kopf – »Frau Gehlhaar«!

Die meisten Leute duzen mich, wenn sie mich ansprechen. Schließlich lebe ich in Berlin, da gehört das zum guten Ton. Aber ich möchte das nicht.

Ich möchte zu der Person, die mir gerade zum ersten Mal in meinem Leben begegnet, erst mal einen höflichen und respektvollen Abstand wahren dürfen. Ich möchte, dass dieser Abstand auch mir gegenüber selbstverständlich eingehalten wird. Eine viel zu lange Zeit meines Lebens war ich Übergriffen ausgesetzt – von Ärzten, Lehrern und Mitschülern. Ich habe viel Kraft und Mut gebraucht, um diese Erfahrungen zu verarbeiten und um ein gesundes Selbstbewusstsein, ein Bewusstsein meiner Grenzen, aufzubauen. Ich bin eine fröhliche und offenherzige Frau geworden, aber eben nur, weil ich gut auf mich und meine Würde achtgebe. Und genau deshalb war »Frau Gehlhaar« der perfekte Name für meinen Blog. Er war selbstironisch, kurz und knackig und verkörperte für mich den Abstand, den ich trotz aller Offenheit der Welt gegenüber bewahren wollte.

In meinem Blog »Frau Gehlhaar« baute ich die Idee mit den Sprüchen, die ich als Rollstuhlfahrerin zu hören bekam, aus. Jetzt hatte ich keine Zeichenbeschränkung mehr und konnte auch ausführlichere Artikel über meine Erfahrungen und Eindrücke schreiben. Je humorvoller ich an mein Leben und meine Behinderung heranging, desto skurrilere Situationen erlebte ich, über die ich dann in meinem Blog berichtete. Dank meiner Gene und meiner Lebenserfahrung bin ich nicht gerade auf den Mund gefallen und kann deshalb oft gar nicht nicht anders, als mir einen Spaß zu machen. Besonders, wenn die Gespräche nur noch abwegig und skurril sind:

»Bei uns im Haus wohnt auch jemand im Rollstuhl.«

»Also, ich wohne nicht in meinem Rollstuhl.«

»Darf ich mal fragen, warum du im Rollstuhl sitzt?«

»Nur zu!«

Schweigen

»Geiler Vorbau!«

»Oh, danke! Die sind sogar echt!«

»Äh, ich meinte das E-Bike vor deinem Rollstuhl.«

»Oh.«

»Und was ist Ihr Handicap?«

»Handicap? Tut mir leid, ich spiele kein Golf.«

»Und was ist Ihr Handicap?«

»2«

»Warum sitzt du denn im Rollstuhl?«, ist und bleibt wohl die am häufigsten gestellte Frage.

In einer Partynacht wurde ich ganze fünf Mal von unterschiedlichen Männern gefragt, warum ich im Rollstuhl säße. Mit der Zeit wurde es ziemlich eintönig, das Tonband meiner Lebensgeschichte immer und immer wiederkäuen zu müssen. Wenn man doch nur vorgefertigte Karten hätte, die man schon während der Frage in die Höhe halten könnte, dachte ich mir.

Und dann bekam ich im März 2014 eine Mail von Lorenz Meyer, der seine ironischen Lebensweisheiten, aber auch politischen oder gesellschaftspolitischen Statements, in namhaften Zeitungen und Fernsehsendern veröffentlichte. Er hatte verschiedene satirische Bücher und Parodien verfasst, darunter die Esoterik-Parodie »Sheng-Fui«. Lorenz schien meinen Hilferuf gehört zu haben und schlug mir vor, aus all meinen gesammelten Sprüchen ein »Bullshit-Bingo« zu basteln. Denn neben seinem ganzen »Sheng-Fui« war er es, der das »Bullshit-Bingo« in Deutschland bekannt machte. Die Idee war, all die Sprüche, die Rollstuhlfahrer ständig hören und die ich fleißig sammelte, in seinem bekannten Bingo-Design zu bündeln und es dann auf meinem Blog und den Social Media Kanälen zu teilen.

Gesagt, getan.

Das »Rollstuhlfahrer-Bullshit-Bingo« wurde zu einem Hit im Internet und ging viral. Mein Blog wurde am Tag bis zu 20 000-mal angeklickt und mein E-Mail-Account quoll über vor Interviewanfragen.

Nach der Veröffentlichung erreichten mich viele Nachrichten von Frauen und Männern, die ebenfalls einen Rollstuhl benutzten und sich in den Sprüchen und Fragen wiederfanden. Nichtbehinderte lachten oder waren fassungslos über so wenig Feingefühl.

Natürlich machte sich auch Kritik breit, mit der ich lernen musste umzugehen. »Darf man Behinderte jetzt gar nichts mehr fragen?!«, oder »Was darf ich denn jetzt überhaupt noch sagen?!«, waren Bemerkungen, die ich ständig zu lesen bekam. Für mich war es sehr spannend zu sehen, dass das Bingo einige Menschen so stark verunsicherte. Ich habe oft erklärt, dass das Bingo eine Ansammlung von Sprüchen ist, die ich als Rollstuhlfahrerin oft zu hören bekomme. Ich stelle damit keine Wertung auf, sondern möchte lediglich für das Thema Behinderung sensibilisieren.

Nicht mit erhobenem Zeigefinger, sondern mit Spiel und Spaß und einer guten Portion Humor.

Sind wir nicht alle ein bisschen behindert?

»Meine Ex, zu der ich ein super freundschaftliches Verhältnis habe, hat einen Hund. Die Luna, einen Yorkshire Terrier.«

»Wer ist Luna? Deine Ex oder der Yorkshire Terrier?«, frage ich dazwischen. Es fällt mir inzwischen schwer, mich zu konzentrieren. Ich bin schon bei der zweiten Weinschorle.

»Luna ist der Hund. Meine Ex heißt Tabea.«

»Aha.«

»Ich passe hier und da mal auf Luna auf, wenn die Ex am Wochenende arbeiten muss. Und …« –

»Mmhh« –

»…vor zwei Wochen hat der Hund mir die ganze Ledercouch vollgeschissen. Alles voller blutigem Durchfall«, erzählt Hannes und gestikuliert mit seinen Händen über den alten, absplitternden Holztisch hinweg, an dem ich mir vorhin einen Faden aus meinem schwarzen Oberteil gezogen habe. Seitdem spiele ich mit dem Fingernagel daran herum. Mittlerweile ist der Faden doppelt so lang wie vorher.

Vor zwei Tagen habe ich Hannes bei Tinder gematcht. Ein verschmitztes Gesicht mit vielen Sommersprossen lächelt mir auf meinem Smartphone entgegen. Auch der darauffolgende Chat lässt den inzwischen etwas gesunkenen Erwartungspegel, bald mal wieder einen Typen zu daten, der mehr als »Hi« und »Hey« beim ersten Anschreiben hören lässt, in die Höhe schießen:

»Jo, freut mich! Was machst du gerade Schönes?«

»Hey! Schön, von dir zu hören! Ich liege ganz langweilig im Bett und kämpfe mich durch grausame Tinderprofile. Und du?«

»Du meinst die trostlosen Katzen- und Hundefotos?«

»Und Leute mit Delfinen! Du hast die Delfine vergessen! Hahahaa!«

»Na ja, du hast ja auch ein interessantes Accessoire mit auf deinem Profilfoto ☺«

Ich gebe zu, die Überleitung hat er sehr geschickt eingefädelt. Aber so einfach mache ich es ihm nicht und schreibe zurück:

»Ja, meine Brille ist schon ein echter Hingucker.«

»Haha, aber nicht nur die!«, antwortet Hannes.

Wir verabreden uns zwei Tage später in einer kleinen Bar in Mitte.

Und seitdem wir hier sitzen, erzählt mir Hannes etwas über scheißende Hunde seiner Ex-Freundin, mit der er vor zwei Jahren ein Start-Up gegründet hat und seither dick im Geschäft zu sein scheint.

»Ich packe also den Hund in meinen Wagen – einen

Porsche 911 übrigens – und fahre schweißgebadet zum Tierarzt!«

»Ist der Hund tot?«, frage ich in der Hoffnung, dass die Geschichte bald ein Ende hat.

Irritiert guckt Hannes mich an: »Nein! Natürlich nicht, es geht noch weiter!«

Schade, denke ich, nicke der Kellnerin zu und bestelle mir einen Gin Basil Smash. Ich brauch' jetzt was Starkes.

Als die Geschichte mit Luna, dem scheißenden Hund seiner Ex, zu Ende erzählt ist, legt Hannes eine kurze Pause ein. Die Kellnerin stellt mir mit einem mitleidigen Lächeln meinen Cocktail vor die Nase. Ich bedanke mich und genieße die kurze Feuerpause. Es ist ein warmer Sommerabend. Die Sonne hängt blutrot über dem Horizont. Ich sauge die warme Luft tief in meine Lungen und lächle Hannes an. Trotz dem ganzen Gelaber – er hat eine anziehende Ausstrahlung und ein nettes Grinsen. Ich frage mich, ob sein anfänglicher Redeerguss etwas mit seiner Unsicherheit mir gegenüber zu tun haben könnte, und ob der Rest seines Körpers wohl auch mit Sommersprossen bedeckt ist.

»Meine Ex hat auch eine Behinderung. Eine unsichtbare Behinderung sozusagen«, sagt Hannes plötzlich, als ob er mir etwas beichten möchte.

Achtung, jetzt kommt's, denke ich und schenke Hannes zum ersten Mal meine volle Aufmerksamkeit. Mit einem Lächeln sehe ich ihm über den Tisch hinweg direkt in die Augen und gebe ihm mit einem leichten Nicken zu verstehen: Erzähl mir alles! Ich freue mich nach dem ganzen

Hunde-Gequatsche auf eine richtig schöne Krankenge-schichte. Vielleicht ein Tumor? Ein Akustikusneurinom? Oder ein Gliosarkom? Depression! Vielleicht hat sie eine Depression? Oder eine andere psychische Erkrankung? Ob sie wohl Medikamente nimmt? Trizyklika vielleicht? Das nimmt meine Freundin, die ist auch depressiv.

»Meine Ex ist extrem übergewichtig«, sagt Hannes mit gesenkter Stimme und setzt meinen euphorischen Erwartungen ein schnelles Ende.

Ich sehe ihn mit großen Augen an, während mein Kopf versucht, sich seine Ex vorzustellen, die so über-gewichtig ist, dass sie extrem eingeschränkt ist und Un-terstützung bei alltäglichen Dingen benötigt.

»Aber sie ist ein unfassbar toller Mensch.«

Will er mir jetzt signalisieren, dass er auf gar keinen Fall irgendwelche Berührungsängste gegenüber Men-schen hat, die nicht der gesellschaftlichen Norm ent-sprechen? Ich beglückwünsche ihn zu dieser tollen Er-kenntnis und nehme einen weiteren tiefen Zug meines, Gott sei Dank überdosierten, alkoholischen Getränks.

»Ist deine Ex – Luna heißt sie, oder?«

»Tabea!!«

Hannes schüttelt über so viel Begriffsstutzigkeit den Kopf.

»Genau, Tabea!... Ist sie so übergewichtig, dass sie ir-gendwie eingeschränkt ist? Und hat sie denn einen Be-hindertenausweis?«, frage ich.

»Nene, sie hat eben einfach etwas zugenommen in den letzten zwei Jahren. Richtig behindert ist sie jetzt nicht.«

Und dann: »Aber was ist schon behindert? Irgendwie sind wir ja alle behindert. Jeder auf seine Weise«, sagt Hannes und ich seufze frustriert auf.

Ich kenne den Spruch. Wie oft höre ich diesen Satz: »Sind wir nicht alle ein bisschen behindert?«

Er erinnert mich an den anderen Satz: »Für mich bist du gar nicht behindert«, der ebenfalls ganz oben auf der Top Ten Liste steht.

Ich verstehe durchaus, wie das eigentlich von meinem Gegenüber gemeint ist. Ich könnte nun geduldig sein und Hannes erzählen, warum ich mich durch seine Aussage trotzdem verletzt fühle. Dass sein Satz zwar von ihm nur nett gemeint ist, aber meine Behinderung, die mich als Person so sehr geprägt hat, vollkommen bagatellisiert. Und dadurch verharmlost und verniedlicht jeder, der solche »nur nett gemeinten Sätze« sagt, auch die vielen Arten der Diskriminierung, die ich erfahre und die gesellschaftliche Ausgrenzung, die ich tagtäglich erlebe. Und das tut mir weh.

Kein gutes Thema für einen erhöhten Alkoholpegel. Angestrengt überlege ich, wie ich meine Gedanken gut strukturiert in ein, zwei Sätze packen könnte, ohne Hannes vor den Kopf zu stoßen. Hannes ist ja schon ein wirklich netter Typ, irgendwie, wär' ja doch schade …andererseits …

Sehr betrunken sage ich: »Hannes, ich weiß, dass du nur nett sein willst und ich sehe, dass du auch ein bisschen verunsichert mir gegenüber bist. Ey, und das kann ich voll verstehen! Aber guck mal, es ist nicht schlimm, dass ich behindert bin und du nicht und deine Ex auch nicht. Und weißt du, warum das nicht schlimm ist?«

Hannes schüttelt verwirrt den Kopf.

Ich rülpse und erkläre selbstzufrieden weiter: »Ich bin behindert, weil ich im Rollstuhl sitze und hier in diese wunderschöne Bar niemals ohne Hilfe reinkommen würde, weil da drei Stufen am Eingang sind und ich im Rollstuhl sitze.«

Wie ein Eichhörnchen nehme ich die Hände vor den Mund, forme mit den Fingern ein Rechteck und fahre mit piepsiger Stimme fort: »Und deshalb habe ich immer ein klitzeklutze kleines Kärtchen bei mir, auf dem riesengroß ›Schwerbehindertenausweis‹ draufsteht.«

Meine Hände gehen auseinander, als ob ich ein großes Plakat hochhalten würde. »Und dieser Schwerbehindertenausweis gibt mir das Recht, zum Beispiel Hilfestellung, die ich (!) als Behinderte benötige, einzuklagen. Und das soll mich im Idealfall vom unterlegenen Status des Bittstellers befreien und für einen Ausgleich sorgen – oder so ähnlich«, lalle ich und beende meinen Vortrag mit: »Und deshalb (!) sind wir nicht alle irgendwie behindert, sondern hier und jetzt an diesem Tisch nur ICH!«

Durch den Strohhalm ziehe ich einen letzten großen Schluck aus meinem Glas und auch Hannes kippt sich sein restliches Bier die Kehle runter.

Bedeutungsschwanger schaue ich Hannes an, lege ihm 20€ auf den Tisch und verabschiede mich mit den Worten: »Fühl dich eingeladen. Danke für den netten Abend.«

»Bist du sauer?«, fragt mich Hannes jetzt vollends irritiert.

»Herrje, nein!«, schwöre ich und umarme ihn innig. »Ich muss aber jetzt los, weißt du. Ich finde dich, trotz komischer Kommentare über deine fette Ex mit dem scheißenden Hund, sehr heiß. Aber wenn ich bleibe, würde ich mit dir Sex haben wollen und das will ich nicht. Ich kann nicht, bitte versteh das. Ich kann dir heute nicht geben, was du brauchst. Ich bin behindert, verstehst du? Es tut mir leid. Ich muss jetzt gehen. Leb wohl. Für immer.«

Dramatisch drehe ich mich um und stelle fest, dass ich verdammt einen sitzen habe. Ich schau' an mir herunter und kichere albern über diesen Wortwitz.

In schwungvollem Slalom rolle ich Richtung Alexanderplatz und nehme unterwegs zwei Straßenschilder mit.

Darfst du betrunken Rollstuhl fahren?

Ich war noch nie alleine feiern, obwohl ich insgeheim schon oft Bock darauf hatte. Aber um sich mutterseelenallein unters Partyvolk zu mischen, muss man entweder verzweifelt oder sexuell frustriert sein. Das weiß doch jeder.

Mein Timing, um es heute dennoch das erste Mal zu wagen, hätte also nicht besser sein können: Ich war sowohl verzweifelt, als auch sexuell absolut unterfordert, Tinder sei Dank. Und deswegen hatte ich heute Abend ein Date – mit mir.

Also los, feuere ich mich selbst an, als ich auf einen Clubeingang zusteure. Die Auswahl des Clubs ist willkürlich getroffen, ich hab mich einfach durch die Gegend treiben lassen. Wie schon so oft, wenn ich ziellos losgehe, irgendwann nicht mehr weiß, wo ich gerade bin (denn ich habe eine Orientierung wie ein Stück Brot) und dann meinen Freund Jan anrufe, der mich leicht genervt via Handy sicher nach Hause lotst. Aber ich liebe diese Ausflüge, weil sie mich oft an Orte bringen, die ich sonst niemals bewusst aufsuchen würde. So wie heute.

Auf der Straße wartet eine Menschentraube von rosa Hemden und kurzen Kleidchen darauf, dass sie von zwei großen, sehr breiten Türstehern durchgewinkt werden. Aus dem Club dröhnt laute Hip Hop Musik.

Unsicher schaue ich an mir herunter. Um auf Nummer sicher zu gehen, habe ich mich für ein schwarzes, langes Kleid entschieden. Um nicht noch mehr aufzufallen, als ich es so ganz allein ohnehin schon tue. Haha.

Los, Laura, du ziehst das jetzt durch. Es kann doch wohl nicht wahr sein, dass du dich nicht alleine in einen Club traust! Schon vergessen – du hast heute ein sehr wichtiges Date – mit dir!

Ich überlege, wann ich überhaupt das letzte Mal feiern war und kann mich nicht mehr erinnern. Ich überlege, wann ich das letzte Mal alleine feiern war und erinnere mich ganz genau: Noch nie.

Ich weiß auch nicht mehr, wann ich das letzte Mal so richtig getanzt habe. Ausgelassen und frei von Selbstzweifeln. Ein paar Umdrehungen hier, ein paar coole Arm-Moves da. Ich zögere noch immer. Vielleicht ist das doch 'ne absolute Schnapsidee …

Der Sommerwind weht von hinten durch meine Haare. Energisch schüttle ich den Kopf. So kann ich den Abend nicht beenden. Ich wäre völlig frustriert und wütend auf mich selbst. Entschlossen hole ich einmal tief Luft, dann lasse ich mich vom Wind und einer Prise Mut vorbei an den verdutzten Türstehern direkt in den Club wehen.

Ohne Eintritt gezahlt zu haben – hab' ich in meiner Aufregung völlig vergessen und ganz offensichtlich hat sich niemand getraut, mich aufzuhalten –, rolle ich in den

Club. Ich bin umringt von Bodybuilder-Schränken, die bunt leuchtende Drinks in ihren Pranken halten. Wäre die Mucke nur ein paar Dezibel leiser, hätte ich den Schuppen hier mit dem Fitnessstudio bei mir um die Ecke verwechselt. Da, wo nur die ganz Starken trainieren, die danach noch brav ihre Protein-Shakes schlürfen und deren Studio-Abos die zweimalige Benutzung der Sonnenbank beinhalten. Pro Woche. Okay, hier im Club sind bestimmt nicht alle Bodybuilder, aber so viele aufgepumpte Muskeln, überzogen mit solariumgebräunter Haut, habe ich noch nie auf einem Haufen gesehen.

Ein sehr großer Typ schaut zu mir rüber. Er grinst mich an und kommt auf mich zu. »Ey, du bist die schönste Frau im Club!«, sagt der braun gebrannte Kerl. Er hat wohl noch nie eine Frau mit echten, langen Haaren, echten, großen Brüsten und echtem Rollstuhl gesehen. Ich sehe mich kurz um, mustere die anderen stark geschminkten Frauen mit ihren zu kurzen, zu weißen Röckchen und ihren in zu kleine Tops gequetschten (falschen) Brüsten. Durch die laute Musik rufe ich ihm ins Ohr: »Vielleicht nicht die Schönste, aber die Angezogenste!«

Sein Name ist Renée. Er betont das zweite »e« mit besonderem Nachdruck.

»Reneee«, spreche ich ihm nach.

»Renee-e!«, verbessert Renée.

»Rennee!«

»Nä, Rennee-e!«

»Rennie-e!«

Renée gibt auf.

»Willste was trinken?«, fragt er mich.

Ich folge Renée tanzend und einen leichten Slalom fahrend zu einer neonblau leuchtenden Bar. Zwei Kumpels von Renée werden mir vorgestellt: Martin und Patrice. Auch sie sind braun gebrannt und ihre Köpfe wirken durch die großen Muskeln auffällig klein. Ziemlich schnell fragt mich Patrice, warum ich im Rollstuhl sitze. Ich erzähle ihnen die Stewardess-Geschichte. Die drei hängen an meinen Lippen und glauben mir jedes Wort. Renée sieht mich anerkennend an und hebt mir zuprostend seinen Drink: »Darfst du eigentlich betrunken Rollstuhl fahren?« Im ersten Moment überrascht, schaue ich ihn mit großen Augen an. Dann muss ich breit grinsen.

Seitdem faszinieren mich kleine Köpfe.

Der DJ beschließt von 50 Cent »Candy Shop« zu spielen. Ich liebe Hip Hop. Meine besten Choreos tanze ich zu guter Hip Hop Musik mit dröhnendem Bass. Aufjauchzend rolle ich auf die Tanzfläche und so prollig, wie es nur geht, tanze ich, umringt von wackelnden Mädchen mit weißen Röckchen. Eine junge Frau starrt mich von der Seite an. Dann bleibt ihr abschätziger Blick auf meinen (echten!) Brüsten hängen. Ich zucke innerlich mit den Achseln und tanze weiter. Auch sie hat offensichtlich einen kleinen Kopf.

Von hinten tanzt mich ein Typ an. Ich fühle seinen Schritt zwischen meinen Schulterblättern. Dank Renées Drink macht mir das aber nichts mehr aus. Ich drehe mich um, schaue hoch und muss blinzeln, so sehr blenden mich die zwei großen, funkelnden Modeschmuck-Diamantohrringe in seinen Ohren.

»Ey – voll geil, dass du so unterwegs bist! Voll geile Dance-Moves! Respekt!«, grölt der Glitzermann, der ebenfalls viele Muskeln und einen kleinen Kopf hat.

Ich frage ihn, in welches Sonnenstudio er geht. Dann tanzen wir zusammen, stundenlang. Immer wieder bringt mir Renée, einer seiner Kumpels oder mein Tanzpartner einen Drink und wir stoßen auf mein Überleben an. Als ich nicht mehr kann, klatschen wir uns freundschaftlich ab und ich verschwinde nach draußen in die Nacht. Besser kann's nicht mehr werden. Zeit zu gehen.

Milde Nachtluft umschließt meinen verschwitzten Körper.

»Puh!«, stoße ich rotbackig und zufrieden aus, als ich mich nach vorne beuge, um die unter meinem Rollstuhl hängende Tasche auf meinen Schoß zu legen. Von wegen frustriert und sexuell unterfordert – das war einfach nur ein großer Spaß!

Ich greife nach meinem Handy und drücke auf den Homebutton – keine neuen Nachrichten. Nach dem Eingeben meines Sicherheitscodes gehe ich kurzentschlossen in »Kontakte« und lösche Hannes' Nummer.

Nach unserem schrägen Abend neulich hat er mich noch ein paarmal angeschrieben und nur, weil ich zu höflich war und ihn nicht (noch einmal) vor den Kopf stoßen wollte, habe ich geantwortet. Dabei möchte ich ihn gar nicht wiedersehen. Er ist nett. Aber auch nicht mehr. Wir verschwenden nur unsere Zeit.

Einen Moment lang überlege ich, gleich die ganze Tinder-App von meinem Handy zu löschen. Ich wäge ab – über diese Plattform tatsächlich jemals einen guten, lustigen und bodenständigen Typen kennenzulernen, der die Frau in mir sieht, die ich bin und der sie auch zu schätzen weiß, habe ich irgendwann zwischen Thorben, Hannes und wie sie alle heißen, aufgegeben. Andererseits: Ist es nicht immer noch besser, so zumindest ein paar nette Abende zu haben und nicht alleine zu Hause rumzusitzen?

Ich bin mir nicht mehr sicher.

Schon verrückt, denke ich auf dem Weg nach Hause. In diesem Club hat mich weder jemand gefragt, wie alt ich bin, noch hat mich irgendeiner der Typen mit ermüdenden, stinklangweiligen Geschichten zugetextet, geschweige denn mir intimen Scheiß erzählt, den ich gar nicht wissen will. Ich habe mich von Renée und seinen Freunden sehr wertgeschätzt gefühlt.

Aber vor allem habe ich mich heute Abend ganz allein für mich entschieden und mich selber wohl am allermeisten genossen. Ich nehme mir fest vor, ab jetzt öfter mal alleine auf die Rolle zu gehen.

Zufrieden fahre ich die letzten Meter durch die lauschige Sommernacht nach Hause.

Vielleicht lösche ich Tinder ja doch noch.

Mut und Verzweiflung

Meine Mutter sagt immer, dass ich wegen meiner großen Klappe irgendwann mal in ernsthafte Schwierigkeiten geraten werde.

Ich habe noch nie viel Wert darauf gelegt, bei anderen beliebt zu sein. Dementsprechend habe ich mich nie sonderlich dafür anstrengen müssen, als Querulantin oder Rebellin zu gelten. Am wohlsten fühle ich mich, wenn ich meine Meinung ganz offen sagen kann, wann immer ich denke, jetzt wäre eine gute Gelegenheit dazu. Und manchmal auch, wenn andere denken, das sei jetzt überhaupt keine gute Gelegenheit. Dass ich dadurch anecke und polarisiere, weiß ich, aber ich kann und will nicht anders.

Als ein Lehrer meine damalige beste Freundin als »quasselndes Kopftuch« bezeichnete, beschimpfte ich ihn vor der versammelten Klasse laut als Naziarschloch. Meiner Meinung nach völlig zu Recht. Ich wurde selber als Mensch so oft auf meine Behinderung reduziert, war für viele nur »die Behinderte«, dass mich diese Diffamierung eines anderen Menschen, noch dazu die meiner besten Freundin, vor Wut rasend machte. Da war es mir auch völlig schnuppe, dass dieser Lehrer mir den Rest des Schuljahres eine glatte Fünf im Mündlichen reindrückte.

Meine beste Freundin und ich – wir teilten ein gemeinsames Schicksal: Ich als hinkendes, behindertes Mädchen und sie als einzige Türkin mit einem Kopftuch auf der Schule, wurden beide auf ein sichtbares Merkmal reduziert, das außer uns niemand hatte, das allen anderen fremd und suspekt war und das deshalb häufig als Zielscheibe für Beleidigungen herhalten musste.

Dieses diskriminierende Verhaltensmuster erfahre und erlebe ich bis heute. »So was wie dich hätte man vor 70 Jahren noch vergast«, zischte mir vor einiger Zeit ein Mann in der U-Bahn zu, als er sich an mir vorbeidrückte. Ohne über mögliche Konsequenzen nachzudenken, schrie ich ihm lauthals hinterher, dass er mit seinem kleinen Pimmel woanders rumwedeln solle! Die anderen Fahrgäste hatten diesen »Austausch« mitbekommen und ein paar nickten mir danach anerkennend zu oder sprachen mir ihre Solidarität aus. Dass das alles auch in die Hose hätte gehen können, wenn der Typ zurückgekommen wäre und mir eins auf die Nase gehauen hätte, darauf kam ich erst später, als mir der warnende Satz meiner Mutter wieder einfiel. Wären mir die Leute, die mir gerade noch anerkennend auf die Schulter geklopft hatten, dann zu Hilfe geeilt? Hätte überhaupt irgendjemand auf die Beschimpfung reagiert, wenn ich mich nicht so entschlossen verhalten hätte? Dass ich diese Fragen bis jetzt noch nie mit einem klaren »Ja!« beantworten konnte, macht mich fertig.

Warum ist es für so viele Menschen überhaupt nicht selbstverständlich, sich für andere einzusetzen? Für andere, die nicht in der Lage sind, für sich selbst zu sprechen oder zu kämpfen? Was ist denn da los bei uns, dass wir Menschen, die unsere Enkel, Eltern, Geschwister, Kinder oder Freunde sein könnten, aus Schiss in der Buxe alleine lassen und weggucken?!

Einmal beobachtete ich in der U-Bahn, wie drei Jugendliche einem Jungen die Turnschuhe abzocken wollten. Der Junge saß verängstigt auf seinem Platz und konnte sich nicht wehren. Es waren noch zwei andere Fahrgäste im Abteil, die die Situation ebenfalls mitbekamen. Keiner der beiden schien etwas tun zu wollen. Man sagt ja, dass man im Notfall Passanten zum Handeln mobilisieren soll, wenn man sich selbst nicht dazu in der Lage fühlt, aktiv zu werden.

»Wenn Sie da jetzt nicht eingreifen, mache ich das und Sie sind dann Zeuge!«, sagte ich wütend zu dem Mann, der mir schräg gegenübersaß. Ich wartete die Reaktion des Mannes gar nicht mehr ab, drehte mich um und drohte den drei Jugendlichen lautstark, dass ich gerade die Polizei gerufen hätte. Sie meckerten noch großkotzig rum, ließen aber von dem Jungen ab und stiegen an der nächsten Station aus.

Bei solchen offensichtlichen Ungerechtigkeiten legt sich bei mir ein Schalter um, der Wut und den unbändigen Drang nach Gerechtigkeit in mir freisetzt. Kann ich dann nicht aktiv handeln, habe ich das Gefühl, platzen zu müssen. Klein beizugeben oder handlungsunfähig zu sein ist das Schlimmste für mich.

Bis jetzt bin ich ein einziges Mal in so eine brenzlige Situation gekommen, dass ich aus Angst um meine Sicherheit die Füße still gehalten habe.

Ich war mit meiner hochschwangeren Freundin unterwegs. Wir hatten Hunger und entschieden uns spontan für den Burrito-Laden bei mir um die Ecke. Wir bestellten unser Essen und während wir warteten, quatschten wir über rote Hosen und Plazenten. Der Laden ist klein und immer gut besucht. Leute sitzen an runden Tischchen oder stehen vor der Theke und warten auf ihr Essen.

Die beiden Typen mit Bomberjacke und Jogginghose fielen mir in dem Moment auf, als sie beim Betreten des Ladens mit ihrem unangenehmen Gelächter den ganzen Raum für sich in Anspruch nahmen. Ihre tiefen, ruppigen Stimmen hoben sich unangenehm vom Gemurmel der anderen Gäste ab. Ich ignorierte die beiden, unterhielt mich weiter mit meiner Freundin und versuchte lachend, sie davon zu überzeugen, ihre Tochter in spe Laura zu nennen.

Erst als ich zum wiederholten Mal das Wort »Spasti« hinter mir hörte, konzentrierte ich mich auf das Gerede der beiden Männer schräg hinter uns. Aus dem Augenwinkel musterte ich die beiden und versuchte herauszuhören, ob es einen kausalen Zusammenhang zwischen ihren Spasti-Ausrufen und mir als Frau im Rollstuhl gab. Oh ja, leider gab es den!

»Behinderte Fotze« war das Nächste, was mir vom dickeren der beiden Honks an meinen Hinterkopf gepfeffert wurde. Die Augen meiner Freundin weiteten sich vor Entsetzen. Abrupt drehte ich mich um und wollte schon zum verbalen Gegenschlag ausholen, da traf mich der Blick des größeren Typen – höhnisch und provozierend. Er wartete nur darauf, dass ich etwas sagte. Ein warnender Schauer lief mir den Rücken herunter. Dieser Kerl dünstete aus jeder einzelnen Pore Gewaltbereitschaft und Menschenverachtung aus. Ein Bär von einem Mann: Pranken, breite Schultern und ein Stiernacken. Tätowierte Hände und Unterarme lugten aus den Jackenärmeln hervor.

Ich versuche immer so gut es geht, Menschen nicht aufgrund ihrer Äußerlichkeiten in Schubladen zu stecken und natürlich weiß ich, dass Tätowierungen nicht gleich auf aggressive Vollidioten schließen lassen. Aber als ich diesem Mann in die Augen sah, bekam ich es mit der Angst zu tun. Jede Faser in meinem Körper spannte sich an und war in Alarmbereitschaft. Ich klappte mein loses Mundwerk wieder zu, schluckte meine Wut über seine Provokation herunter und drehte mich zu meiner Freundin um, die mich beschwörend anguckte und dabei schützend eine Hand über ihren dicken Bauch hielt. Sie kannte mich und mein Temperament. Mein Herz wummerte. Ich schaute mich unauffällig im Laden um – konnte ich mit Hilfe rechnen? Bis jetzt schien noch niemand mitbekommen zu haben, was hier gerade abging.

Meine Freundin beugte sich über den kleinen Bistrotisch zu mir herüber. »Oder wollen wir einfach woanders hingehen, Laura?«, fragte sie mich hoffnungsvoll.

Und dann fiel der wohl ekelhafteste Satz, den ich bis jetzt in Bezug auf Behinderung gehört habe: »Krüppel-DNA gehört ausgerottet!«

Tumbes Gegröle und zustimmendes Gegrunze folgten. Ich merkte, wie sich in mir mein Schalter umlegte. In meinen Ohren klingelte es und ich schluckte mehrmals, um den Wutkloß im Hals loszuwerden. Aber da war auch noch etwas anderes – abgrundtiefe Furcht fiel mich von hinten an und kalter Angstschweiß klebte mir unter den Achseln.

Seit meinem Schädelbruch hatte ich Angst um meinen Körper und um meine Gesundheit. Würde dieser aggressive Riese auf mich losgehen, könnte er mich, ohne große Anstrengung, ernsthaft verletzen oder mir endgültig die Lichter ausblasen, ganz nach Belieben. Zum ersten Mal in so einer Situation hatte ich Angst, dass mich meine große Schnauze in ernsthafte Schwierigkeiten bringen könnte. So, wie es meine Mutter immer vorhergesagt hatte.

Wider meiner Natur entschied ich mich, so schnell wie möglich von dort wegzukommen. Wir gaben Fersengeld. Es fühlte sich elendig und jämmerlich an und trotzdem spürte ich, dass es die richtige Entscheidung war.

Der Abend war gelaufen. Uns war der Appetit ordentlich vergangen und schockiert über so viel Hass und Dummheit starrten wir uns immer wieder stumm und völlig fassungslos an.

Die Tage danach waren schlimm. Ich habe mich selten so machtlos und ausgeliefert gefühlt, habe selten so einen starken inneren Konflikt zwischen meinem tatsächlichen Tun (Abhauen) und meinem Gerechtigkeitsempfinden (den beiden eins auf die Fresse hauen, zumindest verbal) erlebt.

Der Gedanke daran, diesen Vollpfosten das Feld geräumt zu haben, quälte mich.

Vielleicht hilft es, diese Geschichte öffentlich zu machen. Sichtbar zu machen, dass diese Art von Diskriminierung existiert und jedem widerfahren kann. Denn im Grunde ging es primär gar nicht um meine Behinderung, sondern um den allgemeinen Stempel des Opfers, den jeder von solchen dummen Menschen aufgedrückt bekommt, der einer Minderheit angehört. Hätte ich äußerliche Merkmale, die meine Religion oder ethnische Herkunft verrieten, wäre ich wohl ebenfalls Opfer dieser beiden Männer geworden. Vielleicht hätte auch schon eine falsche Jacke oder Frisur ausgereicht, um von den beiden Idioten gedisst zu werden.

Das macht die Sache nicht besser, aber vielleicht ein bisschen erträglicher.

Geschäftsreise

»Scheiß drauf«, sage ich zu mir selbst, als mir der große Dutt auf meinem Kopf zum wiederholten Mal auseinanderfällt und ich feststelle, dass ich keine Zeit mehr habe, ihn noch mal zu richten. Ich greife zum Handy und rufe ein Taxi zu meiner Wohnung.

Bestelle ich mir ein Taxi, gebe ich immer an, dass ich Rollstuhlfahrerin bin, keine Hilfe beim Einstieg brauche und dass bei meinem Rollstuhl zur Not die Räder abgemacht werden können. Und wenn ich Glück habe, dann schickt die Zentrale ein Taxi, bei dem sowohl das Auto als auch der Fahrer einen Rollstuhl verkraften können.

In weniger als zwei Stunden geht mein Flug nach München. Ich bin zu einer Diskussionsrunde eingeladen, die im Öffentlich Rechtlichen Fernsehen ausgestrahlt werden soll.

Schaff' ich noch, denke ich, hänge mir meinen Rucksack hinten an den Rollstuhl und klemme mir den Jutebeutel, auf dem groß »Vom Schicksal gebeutelt« steht, zwischen meine Füße. Als ich aus meinem Haustor zum Taxi rolle, sehe ich schon den Taxifahrer auf mich zukommen. Mit wild zerzausten Haaren und breitem

Grinsen kommt er mir leicht federnd entgegengelaufen. Das könnte eine interessante Fahrt werden, schießt es mir durch den Kopf.

»Se sind Jehlhaar?«, fragt er mich.

»Die Frau Gehlhaar, ja.«

»Na, dann komm'se ma rein in die jute Stube!«, sagt er und öffnet die Beifahrertür seines Taxis.

Geil, denke ich und schmunzle in mich hinein. Ich parke meinen Rollstuhl parallel zur Tür, rutsche etwas nach vorne und stütze mich, mit jeweils einem Arm auf Sitz und Tür, ab.

»Brauchen'se dat Brett zum Übersetzen?«, will der Taxifahrer wissen und ist schon halb auf dem Weg zum Kofferraum.

»Nein danke.«

»Wo soll ick anpacken?«, fragt er und will schon zugreifen.

»Gar nicht, danke.«

»Hier, nehm'se meinen Arm!«, sagt er und hält mir seinen Arm hin.

»Nein!«

Ich puste Luft aus der Nase in mein Dekolleté und schlucke ein Lachen hinunter. Mein hyperaktiver Taxifahrer steht wippend vor mir. Ich stütze mich ab und schwinge meinen Hintern ins Auto.

»Ach, dit muss Ihn' doch nich' unanjenehm sein!«, bemerkt er, als ob ich irgendetwas gesagt hätte.

Meine armen Nerven, denke ich und sage: »Der Rollstuhl ist nicht zusammenfaltbar, aber Sie können die Räder abmachen, wenn's nicht pa...«

»Kenn ick, kenn ick«, unterbricht mich der Taxifahrer, drückt dabei in die Mitte der großen Räder, streift sie ab und legt erst sie, dann den Rollstuhl sorgfältig in den Kofferraum. Anerkennend nicke ich. So was hatte ich bislang noch nicht – einen Fahrer, der weiß, wie das technisch so funktioniert mit dem Rollstuhl. Mein Rucksack und der Jutebeutel landen auf dem Rücksitz. Motor an, los geht's zum Flughafen Tegel. Ich schaue auf die Uhr im Taxi – noch bin ich im grünen Bereich.

»Ick hab' ma in ner Wäscherei jearbeitet. Da war'n ooch Jehinderte!«, fängt mein Fahrer an zu erzählen, als wir die Karl-Marx-Allee Richtung Alexanderplatz entlangfahren.

»Jehinderte?«, frage ich, einfach, weil's so schön ist.

»Gehinderte!«

»Gehinderte?!?«

Ungeduldig schüttelt der Taxifahrer seinen Kopf. Ich schaue aus dem Beifahrerfenster, reiße meinen Mund auf und schreie stumm. Tränen schießen mir in die Augen. Vor Lachen. Und Verzweiflung.

»Und? Ham'se n Unfall jehabt? Oder von Jeburt an?«

»Weder noch.«

»Jaja, dit kenn ick. Mene Pumpe läuft och nich jut.«

»Äh. Okay.«

Das, was bei den meisten Menschen erst mit höherem Alter einsetzt, nämlich die Phase, wo gerne und oft von Seiten der Mitmenschen über Krankheiten geredet wird, durchlaufe ich schon seit meiner Jugend, als meine Behinderung in Form eines Hinkens sichtbar wurde. Seitdem wird meine Behinderung zum Anlass genommen,

mir alles über die eigenen und des Nachbarn Krankheiten und anderen Wehwehchen zu erzählen.

Manche verpacken das Abladen ihrer eigenen Probleme noch hübsch und behaupten, dass sie das alles nur
erzählen, damit ich wüsste, dass ich mit meiner Behinderung nicht alleine sei, denn schließlich hätte ja »jeder
sein Päckchen zu tragen«.

Inzwischen weiß ich wirklich viel über Krankheiten.
Schon als Kind las ich, trotz dem Verbot meiner Mutter,
heimlich den Pschyrembel und war von den Bildern, die
große Tumore oder nässenden Ausschlag an sehr offenen oder intimen Körperstellen zeigten, fasziniert. Aber
da man ja bekanntlich nie auslernt, erklärt mir mein
Taxifahrer etwas, was ich bislang noch nicht wusste.

»Könn'se ja froh sein, dat se überhaupt sprech'n
könn! Könn ja viele mit Querschnittlähmung nich.«

Ich starre ihn an.

Es ist einer dieser Momente, in denen ich hin- und
hergerissen bin, zwischen Lachen oder resigniertem
Weinen.

»Wann sind wir denn da?!«, frage ich und schaue
sehnsüchtig aus dem Fenster. Gleich sitze ich endlich im
Flugzeug, werde mir die Houston auf die Ohren hauen
und flüsternd »I will always love you« singen, während
ich über Deutschland hinwegschwebe.

Am Flughafen angekommen, öffne ich die Beifahrertür. Mein Rollstuhl steht schon, komplett zusammenge-
baut und mit angezogenen Bremsen, vor mir. Respekt.

Ich schwinge meinen Hintern in meinen Stuhl und
frage: »Könnten Sie mir den Rucksa…«

»Schon dabei, junge Frau!«, unterbricht mich der Taxifahrer. »Dann wünsch ick Ihn'n juten Flug!«

Ich klemme mir den Jutebeutel zwischen die Füße.

»Werd' ich haben! Und danke für die sehr bereichernde Fahrt«, erwidere ich und lächle dem Fahrer ein letztes Mal zu. Er macht das Peace-Zeichen und meine Mundwinkel zucken verdächtig. Schnell drehe ich mich um und rolle in die Abflughalle.

»Ist das Ihr eigener Rollstuhl?«, fragt mich ein junger Mann mit schwarzen, streng nach hinten gekämmten Haaren.

»Wie bitte?«, frage ich erstaunt zurück und blicke den Mann hinter dem Check-in-Schalter mit großen Augen an.

»Gehört der Rollstuhl Ihnen?«, fragt der Steward am Schalter erneut.

Scheiße, wem soll der Rollstuhl denn sonst gehören?!

Ich begnüge mich mit einem schlichten »Ja.«

»Können Sie ein bisschen laufen?«

»Nö.«

»Es kommt Sie gleich jemand abholen. Bitte warten Sie hier«, befiehlt er mir und winkt den nächsten Fluggast zum Check-in heran.

»Frau Gehlhardt?«

»Gehlhaar, genau.«

Mit einer routinierten Selbstverständlichkeit schnappt sich die kräftige Frau mit der grellen, neongelben Warnweste meinen Jutebeutel, den ich gerade auf dem Boden abgestellt habe. Ungefragt legt sie ihn auf meinen Schoß, stellt sich hinter mich und schiebt meinen Rollstuhl in Richtung Sicherheitskontrolle. Dabei murmelt sie was von »WCHC« und »WCMP« in ihr Walkie-Talkie.

Ohne ein Wort mit mir zu wechseln, schiebt sie mich zügig durch Gänge und lange Flure, dreht mich abrupt um, um mit ihrem Neonhintern eine schwere Tür aufzudrücken, wirbelt mich wieder zurück, sodass ich mich fast wie in einem Autoscooter fühle, schiebt mich energisch weiter – bis mir plötzlich der Rollbahnwind ins Gesicht weht.

Genussvoll schließe ich für einen Moment die Augen. Und beschließe ganz spontan, heute einfach mal alles über mich ergehen zu lassen. Egal, was Frau Neon oder wer auch immer heute sonst noch so mit mir macht, ich werde kein genervtes »Oh nein, ich würde gerne selber fahren«, von mir geben und ich werde auch keine Diskussion beginnen darüber, warum ich zuerst gefragt werden möchte, bevor man mit mir »Puppenwagenschieben« spielt. Heute halte ich mal die Klappe und spare mir meine Nerven für meinen Auftritt nachher in München auf.

Es ist nicht mein erster Fernsehauftritt. Seitdem ich mit meinem Blog online gegangen bin, erhalte ich immer wieder Anfragen von Sendern. Aber nervös bin ich trotzdem noch. Nicht zu schnell reden, erinnere ich mich. Nicht ständig »Ähm« oder »Eh« sagen, während du sprichst, ermahne ich mich selbst. Ich hab' nicht wirklich was gegen TV-Auftritte. Mittlerweile bin ich so routiniert, dass ich die Zuschauer komplett ausblenden kann. Und dem Universum sei Dank, hört meine Nervosität immer genau dann auf, wenn das rote Lämpchen an der Kamera aufleuchtet. Dann entspanne ich mich.

Aber egal, wie gut es sich beim Dreh auch anfühlt, bisher habe ich mir keinen einzigen meiner Auftritte später noch mal komplett angeschaut. Zu krass empfinde ich die Konfrontation mit mir selbst. Mir fallen Dinge auf, die ich sonst total aus meiner Selbstwahrnehmung ausblende. Warum rollen meine Augen immer nach oben rechts, wenn ich nachdenke? Und wann bin ich nur so fett geworden?! Bauch einziehen, Laura, Bauch einziehen! Daran muss ich nachher unbedingt denken.

Das sind genau die Gründe, wegen denen ich das Radio so liebe.

Im Radio bin ich tiefenentspannt und schlagfertig. Man hört mich zwar live, aber keine Sau sieht mich. Niemand weiß, wie ich aussehe, wie ich beim Reden meinen Mund verziehe oder mich bewege. Niemand kann darüber urteilen, wie hässlich meine Klamotten sind oder wie bekloppt meine Friese aussieht. Das Radio ist für mich die perfekte Mischung zwischen öffentlicher Bühne, um meine Meinung kundzutun und meinen Geltungsdrang zu stillen und einer schützenden Anonymität, die verhindert, dass meine Unsicherheiten und Zweifel in die Öffentlichkeit gezerrt werden.

Schon witzig – ich werde in Radiosendungen eingeladen, um über meine Behinderung und meinen

Umgang mit ihr zu sprechen – aber niemand da draußen kann dabei meine Behinderung sehen. Ich könnte da auch auf High-Heels hereingestöckelt kommen und kein Zuhörer wüsste davon. Der Gedanke gefällt mir.

»Was kann ich tun?«, fragt mich die Frau mit der Warnweste, als wir endlich im Flugzeug sind. Dabei schaut sie mir das erste Mal direkt in die Augen und ich stelle erstaunt fest, dass sie jünger ist als ich. Sie hält ihr Walkie-Talkie fest in der einen Hand, während sie mir ihre andere hilfeanbietend entgegenstreckt. Ich schüttele den Kopf und versuche weiter, mich vom eigenen Rollstuhl auf den extra schmalen Flugzeugstuhl zu hieven.

Ich bin die Letzte, die an Bord gekommen ist. Alle anderen Passagiere sitzen schon ungeduldig auf ihren Plätzen, was eigentlich nicht passieren sollte und an diesem Tag nur damit zu entschuldigen ist, dass ich vor dem Boarding noch einmal dringend zur Toilette musste. Mir wurde gesagt, dass dafür eigentlich keine Zeit sei und es deshalb sein könnte, dass ich dann als Letzte ins Flugzeug kommen würde. Aber was hätte ich tun sollen?! Im Flugzeug aufs Klo zu gehen kann ich komplett vergessen und bis zur Landung hätte ich es nicht mehr ausgehalten, da wär' meine Blase geplatzt.

Tja, Laura, in den sauren Apfel musst du jetzt beißen, denke ich und presse meine Lippen zusammen. Gleich werden mich alle verstohlen oder ganz offensichtlich dabei beobachten, wie ich mich mit dem extra schmalen Flugzeugrollstuhl durch den Gang hin zu meinem Sitz quetschen und dabei dauernd irgendwo hängen bleiben werde. Ich seufze. Und wenn schon. Entschlossen stemme ich mich von meinem Rollstuhl ab und plumpse in den schmalen Stuhl, der mich durch den noch schmaleren Gang im Flugzeug zum Platz 6B bringen soll. Dutzende von Augenpaaren sind auf mich gerichtet. Unsanft lande ich, mit gerade mal einer meiner zwei Arschbacken, auf dem schmalen Sitzkissen. »Oh«, hauche ich und ein Hitzeschub schießt durch meinen Körper. Das darf doch nicht wahr sein – und auch noch vor versammelter Mannschaft! Ich laufe puterrot an. So ein Scheiß! Schon wieder scheinen die Gangstühle enger geworden zu sein, genau wie mein eigener Rollstuhl vor Kurzem! Einfach so, über Nacht. Seitdem drückt er an den Seiten. Keine Ahnung, wie das passieren konnte.

Vor Anstrengung schnaufend, schaffe ich es doch noch, meinen kompletten Arsch in diesen elenden Stuhl zu quetschen. Meine Spießruten-Fahrt kann beginnen.

Heute nicht, Laura, ermahne ich mich. Heute gönnst du dir eine Pause. Entschlossen halte ich die Augen geschlossen, bis ich von der Frau mit dem Walkie-Talkie in Reihe sechs geparkt werde. Ein Mann im Anzug und loser Krawatte sitzt am Fenster. Er liest Zeitung.

»Entschuldigung, würden Sie den Fensterplatz gegen meinen Mittelplatz tauschen?«

Ich finde wirklich, dass ich mir heute einen Fensterplatz verdient habe.

»Hm, eigentlich würde ich hier gerne selbst sitzen.«

Mist. Hilfesuchend schaue ich hoch zu Frau Neon.

Aber die zuckt nur die Schultern, drückt ihr knisterndes Walkie-Talkie ans Ohr und wartet genervt darauf, dass ich mich endlich umsetze, egal, auf welchen Sitz.

Alles muss man alleine machen.

»Aber wenn es brennt oder das Flugzeug abstürzt, versperre ich Ihnen den Fluchtweg und Sie müssen qualvoll mit mir sterben.«

»Ach so, okay.«

Geht doch, denke ich zufrieden. Der Mann steht kurz auf, sodass ich in einem durch vom Gangstuhl zum Fensterplatz rutschen kann. Ich schließe den Gurt vor meinem Bauch und stecke zufrieden die Kopfhörer in mein Handy. Der Mann setzt sich auf den Sitz neben mich und guckt mich an.

»Entschuldigung, ich hatte das gar nicht richtig gesehen, dass Sie ... Na ja.«

»Oh, schon gut! Gar kein Problem«, lächle ich ihn an.

»Und? Sie fliegen privat nach München?«, fragt mich der Anzugmann.

Ich überlege kurz. Mein Dutt ist inzwischen kein Dutt mehr. Meine Haare hängen kreuz und quer über meine Schultern, geschminkt bin ich auch nicht. Das macht die Maske, versicherte man mir am Telefon. Ich sehe also garantiert ziemlich abgefuckt aus.

»Geschäftlich. Ich fliege geschäftlich nach München.«

Ungläubig lächelt der Mann mich an. So, als ob ich ihm gerade die größte Lügengeschichte aufs Butterbrot geschmiert hätte. Das Gespräch ist beendet.

»Geschäftlich«, sage ich leise zu mir selbst, lehne mich lächelnd und auf die Welt pfeifend in meinem

Fensterplatz-Sitz zurück und scrolle in meinem Handy runter zur Playlist »BFF«.

In dem Augenblick, als ich vorfreudig auf den Song »I will always love you« tippe, setzt sich das Flugzeug unter mir langsam in Bewegung.

Drei-Tage-Frisuren-Gesetz

Es gibt ein Gesetz auf meinem Kopf. Die Frisur wird immer drei Tage hintereinander getragen. Ohne die Haare zwischendurch zu lösen, zu kämmen oder sie zu waschen.

Ich bin davon überzeugt, dass ein Dutt, ein geflochtener Kranz oder ganz einfach nur ein Zopf erst über Nacht seine volle Wirkung entfalten kann. Wo andere gezielt für den »Good-Morning-Look« vor dem Spiegel kämpfen müssen, um ihre frisch gekämmten Haare wieder sexy verwegen aussehen zu lassen, sieht mein Kopf ganz von alleine scheiße aus, bzw. sexy verwegen. Ich bekomme dafür sogar Komplimente: »Ey Laura, geile Frise!«, sagt mein Stiefpapa und ich weiß, dass er es ernst meint, denn er sagt meiner Mutter genau dasselbe, wenn sie drei Tage mit ihrer Frisur durchs Haus tanzt. Und schließlich liebt er meine Mutter.

Oder ich höre: »Sieht scheiße aus«, was ich ebenfalls als echtes Kompliment begreife, da es von meinem 16-jährigen Bruder kommt.

Wahre Glücksmomente beschert mir das drei-Tage-Frisuren-Gesetz immer dann, wenn ich nach ein paar Tagen mal wieder zur Bürste greife und den ganzen Filz und Dreck aus meinen Haaren kämme. Wenn ich die Bürste gerade und ohne Hindernisse ganz durch bis in die Spitzen ziehen kann und feststelle: Krass, sind die lang geworden!

So wie vor drei Tagen. Als ich nackt auf der Toilette sitze, mir kurz vor dem Duschen noch einmal die Haare kämme und stolz den Kopf hin und her schüttele, um die neu erworbenen Millimeter am nackten unteren Rücken zu erfühlen. Bevor ich das Wasser aufdrehe, greife ich zum Handy und rufe beim Friseur meines Vertrauens an.

Heute habe ich den Termin. Strähnchen, waschen, schneiden, föhnen. Franziska ist krank, also bin ich bei Bella.

»Schöner Name!«, sage ich. »Kommt der von Isabella?«

»Nein, von Veronika.«

Veronika, also Bella, kämmt mir mit einer Bürste, die so groß ist wie zwei meiner Hände nebeneinander, die Haare. »Wann hast du die denn das letzte Mal gekämmt?«, fragt sie und reißt mir dabei Haarmaterial für eine halbe Damenperücke aus dem Schädel.

»Gestern Abend!«, lüge ich.

Bella schmiert mir die Farbe auf den mit Alufolie geschmückten Kopf, die in einer Stunde meine blonden Haare nach »von der Sonne geküsst« aussehen lassen soll.

»Kann ich dir irgendetwas zu trinken anbieten? Kaffee? Wasser?«, fragt sie mich und streift sich dabei einen Plastikhandschuh ab.

»Nein, danke! Aber habt ihr vielleicht die aktuelle Ausgabe von der Barbara?«, frage ich stattdessen.

»Ja klar, bring ich dir.«

Gezielt, weil schon 78-mal in den letzten Tagen gemacht, schlage ich die Seite 70 auf, lehne mich in meinem Rollstuhl leicht zurück und atme demonstrativ laut aus. Ich drehe mich leicht zur Seite und halte das Magazin schön hoch, damit auch die Dame rechts von mir unter ihrer Heißlufthaube sieht, wer da eigentlich auf Seite 70 zu sehen ist – und wer da eigentlich im selben Moment neben ihr sitzt ...!

Seit ich hier und da mal in den Medien auftauche, warte ich auf den Moment, wo mich jemand Fremdes von der Seite anspricht und fragt, ob er mal ein Selfie mit mir machen könne. In meinem Kopf male ich mir diese Situation immer wieder aus und übe verschiedene Tonarten von »Na klar!«

»Na klar«, im freundlich niedlichen Ton.

»Na klar«, im euphorischen, überniedlichen Ton.

Oder ein »Na klar«, im leicht genervten Ton, weil mich davor schon 25 andere nach einem Selfie gefragt haben. Was für ein Spaß!

Vom langen Hochhalten werden meine Arme schlapp und fangen an zu kribbeln. Die Frau neben mir guckt weiter stur auf den Typen schräg gegenüber, dem gerade der Kopf geschoren wird.

»So, es geht weiter.« Bella steht hinter mir und beginnt, mir die Alufolie aus den Haaren zu ziehen. Ich halte das Magazin erneut nach oben. Gerade so, dass Bella die beiden Seiten sieht, auf denen ich perfekt gestylt und auf Hochglanz abgebildet bin. Zusammen mit einer Blogger-Kollegin und Freundin. Wir beide ganz in schwarz. Ich mit »Nike Air Max Infra Reds«, meinen neuen Lieblingen.

Die Alufolie ist fast draußen.

»Guck mal!«, singe ich.

Bella beugt sich nach vorne. »Wie cool! Bist du das etwa?!«

»Äh, ja.«

»Krass, hätt' dich gar nich erkannt mit den gekämmten Haaren.«

Na toll, denke ich.

»So, wollen wir dann mal zum Waschbecken«, stellt Bella fest. Ich lege die Zeitschrift auf den Tisch vor den Spiegel. Weit geöffnet auf Seite 70.

Vor der Reihe mit den vier Waschbecken rolle ich auf die bekannte Stufe zu und beginne Bella zu erklären, wie sie mir die Stufe nach oben helfen kann.

»Am besten gehst du hinter mich und nimmst die …«

»Weiß ich, weiß ich. Mit Rollis kenn ich mich aus. Meine beste Freundin liegt seit acht Jahren im Wachkoma.«

In eine Art Koma würde ich auch gleich fallen, wenn sie so weitermacht, denke ich, als mir Bella in Zeitlupe den Kopf über dem Waschbecken massiert. Ich grunze vor Wonne.

Nach zwei Stunden und mit zwei Zentimeter kürzeren Haaren begutachte ich mich ein letztes Mal im Spiegel. Sieht gut aus, beschließe ich. Nicht so gut, wie auf dem Hochglanzfoto, das immer noch aufgeschlagen vor dem Spiegel liegt, aber immerhin ist eine Ähnlichkeit nicht mehr zu leugnen. Für den Notfall kaufe ich mir noch eine Haarkur und verlasse zufrieden den Salon.

Voller Energie starte ich in Tag eins des drei-Tage-Frisuren-Gesetzes.

Erwachsenenscheiß

Als ich das Angebot bekomme, ein Buch – mein Buch! – zu schreiben, bin ich total stolz. Ich bin elektrisiert vor Glück und Energie und lasse vor Vorfreude schon mal ein paar Korken mit Freunden knallen. Ich liebe das Schreiben – es ist die wohltuendste Befreiung, das pure Ausleben von Glück und ein Ventil für Trauer, Wut und Verzweiflung.

Ich räume meinen Küchentisch leer, stelle meinen Mac darauf und lege mein neues, extra hierfür gekauftes Notizbuch neben den Computer. Und dann beginne ich, mein Buch zu schreiben.

Seitdem kann ich an einer Hand abzählen, wie oft ich mich zum Vergnügen mit Freunden getroffen habe. Zum Abzählen davon, wie oft ich in diesen vergangenen Monaten beim Sport war oder mir so richtig einen hinter die Binde gesoffen habe, brauche ich gar keine Hand. Oder irgendeinen Finger. Brav und immer mehr von Frust zerfressen, sitze ich zu Hause und tippe mal weniger, mal gar keine Sätze in mein Laptop. Jeden Tag drohe ich mehr zu vergammeln, denn – mal ganz ehrlich und Hand aufs Herz – wer verschwendet denn eine ganze wertvolle Stunde damit, sich morgens zu duschen und schick anzuziehen, wenn man die Bude sowieso nicht verlässt?! Also ich nicht!

Den einzigen menschlichen Kontakt habe ich hin und wieder mit dem DHL-Mann, dem ich jedes Mal die Tür ohne Hose aufmache und damit das Bild der vergammelten Behinderten konsequent aufrechterhalte. Aus dem drei-Tage-Frisuren-Gesetz wird das fünf-Tage-Frisuren-Gesetz. Mindestens. Das Schreiben macht mich einsam. Jeden Tag sitze ich an meinem Mac und fühle mich allein. Ich habe noch nicht einmal eine Muschi (Katze), obwohl ich bei Twitter bin.

Das Einzige, auf dessen Gesellschaft immer Verlass ist, sind die leeren weißen Seiten, die mich jeden Tag mit so viel Erwartung und Vorwurf aus meinem Rechner heraus anglotzen, dass mir schlecht wird davon.

Dabei könnte man denken, dass so einer Kodder-Schnauze wie mir die Geschichten ganz leicht aus der Feder fließen.

»Ach, das machst du schon«, sagen Arbeitskollegen.

»Das packst du, Laura!«, versichern mir Freunde.

Alle Welt geht davon aus, dass ich diesen Job chilli-vanilli mit links erledige.

Weit gefehlt. Sehr weit sogar.

Jeden Tag sterbe ich einen kleinen Heldentod und bekomme Panik vor der ganzen Arbeit, die noch vor mir liegt. All diese leeren Seiten, die ungeduldig auf ihre Buchstaben warten. Da, wo sich eigentlich meine kreativen Ergüsse ausbreiten sollen, macht sich eine klebrige Pampe aus Tränen und Angstschweiß breit, die mir vorher wie ätzende Säure über die Haut läuft.

Mein Geist sucht sich erfolgreich Lücken und Ritzen, um diesem unangenehmen Zustand zu entkommen. Er präsentiert mir jeden Tag Dutzende Möglichkeiten, um weiterhin davonzulaufen:

Anhaltende Kopfschmerzen immer dann, wenn ich an die leeren Seiten denke. Plötzlich auftretende Rücken-schmerzen, wenn die innere Stimme voller Panik ruft: »Heute musst du echt ran, Laura! Sonst wird es knapp!«. Oder auch gerne mal eine Verletzung (am Daumen!) oder eine Krankheit (Ohrenentzündung! – Ich denke, man erkennt das psychosomatische Muster dahinter), die mich zwingt, meine Einsiedler-Höhle zu verlassen und stundenlang in irgendwelchen Wartezimmern zu hocken. Mir ist alles recht, solange ich nur nicht in Ein-zelhaft vor dem Rechner sitzen muss.

Mehrmals die Woche übergebe ich mich und kotze mein ganzes Frühstück wieder aus. Nur nicht reinstei-gern, rede ich mir gut zu. Doch schon beim nächsten Würgen scheitere ich und die Tränen laufen mir die Wangen herunter.

Zweimal muss der Notarzt kommen.

Atemnot, Angst zu ersticken, und die Gewissheit zu sterben, ohne die leeren, ungeduldigen Seiten beschrie-ben zu haben. Beide Male: Der Puls normal, das Herz stark und regelmäßig am Schlagen, die Sauerstoffver-sorgung perfekt.

Panikattacke, alles psychisch, teilt mir der Notarzt jedes Mal mit. Als ob ich das nicht selber wüsste. Dass das alles nur in meinem Kopf ist. Die Angst und die Unruhe, beides genährt von zu hohen Erwartungen an mich selbst.

Ich erwarte von mir nicht nur, mich jeden Tag hinzusetzen und ein paar Seiten zu schreiben, um dann zu schauen, ob was Gutes dabei ist – oh nein!

Super-Laura, die Über-Über-Erfüllerin, will aus dem Stand heraus, dass sie die Muse küsst und dass sie in einem Rutsch ein nahezu perfektes, ach, was sag ich, geniales Buch schreibt. Die Lektorin soll vor Entzücken und Bewunderung aufjuchzen und nichts mehr zu tun haben, außer dem Verlag mitzuteilen, dass das Wunderkind Laura gerade einen Bestseller ausgespuckt hat.

Aber stattdessen sitze ich mit hängenden Schultern an meinem Tisch und spüre, wie ich wieder einmal in einen Angststrudel hineingezogen werde, in dem ich keine Worte, keine Sätze mehr finde, die erzählen können, wie es ist, Laura zu sein. Und die Uhr tickt erbarmungslos weiter. Meine Zeit bis zur Abgabe läuft ab.

»Ach Laura, niemand weiß, dass das Schreiben die größte Qual sein kann. Außer man durchlebt genau diese Qual, wenn man selber ein Buch schreiben muss, wenn man auf Knopfdruck kreativ sein muss«, sagt mir eine Freundin. Sie ist Autorin. Sie weiß es.

Nach den letzten zwei Panikattacken ist es wieder mal so weit: Ich bin einem Zusammenbruch nah, das spüre ich.

Auf keinen Fall, Laura, ermahne ich mich streng. Dieses Mal musst du einen anderen Weg finden. Reiß' dich zusammen und denk dir was aus!

Und das tue ich.

Ich rase zu einer Ärztin, die ich aus dem Internet gefischt habe. Mit einer dreisten Selbstverständlichkeit sage ich zu ihr:

»Jo, ich bin nur hier, um mir ein neues Rezept Ritalin abzuholen. 10 mg, wie immer.«

Irgendwo hab' ich vor einiger Zeit gelesen, dass Ritalin in Autorenkreisen äußerst beliebt ist. Und ich bin eine Autorin. Eine sehr verzweifelte noch dazu. Ich muss unbedingt schneller werden und mich länger als zwei Stunden am Stück konzentrieren. Und dabei wird mir das Ritalin helfen. Ganz bestimmt.

Auf dem Weg nach Hause, die Medikamentenpackung sicher in meiner Tasche, würge ich den dicken Kloß schlechten Gewissens die Kehle herunter. Das hier ist ein Notfall, sonst würde ich so was nie tun.

Ich darf es nur niemandem erzählen. Nicht meiner Mutter – und schon gar nicht meiner Lektorin.

Konzentrationsprobleme hatte ich schon immer. In der Schule schwänzte ich sogar Klausuren, weil ich dann alleine in einem Raum nachschreiben konnte. Ohne ständiges Husten meiner Klassenkameraden und ohne das Herumgeschleiche der Lehrer, das mich jedes Mal aus dem Aufsatz oder einer mathematischen Formel herausriss, wodurch ich mühsam den abgerissenen Gedanken in meinem Kopf neu laden musste.

Aber »mein Buch schreiben«, kann ich nicht schwänzen und nachschreiben. Aus dieser Nummer komme ich nicht heraus.

Ich setze mich an mein Laptop, die Packung Ritalin griffbereit neben mir. Vielleicht hilft es auch so schon, wispert eine ängstliche Stimme in mir.

Kaffee, ich brauch' unbedingt einen Kaffee. Die dampfende Tasse neben mir öffne ich die aktuelle Datei. Beim Tippen der ersten Worte entdecke ich einen abgebrochenen Fingernagel. Wo ist eigentlich meine Nagelfeile?, frage ich mich und bevor ich mich versehe, rolle ich auch schon ins Bad und suche so lange die Feile, bis ich sie im Wäschekorb finde. Wo ich schon mal hier bin, kann ich auch direkt eine neue Maschine anmachen, denke ich, stopfe die Wäsche umständlich in die Trommel und feile mir anschließend nicht nur den einen abgebrochenen Nagel, sondern auch die restlichen neun.

Als ich zurück an meinen Arbeitsplatz komme, steht der kalte Kaffee neben dem dunklen, trostlosen Bildschirm, über den ein kleines, buntes Rädchen kreist.

Verdammt!

Entschlossen greife ich nach der gelb-weißen Ritalinpackung und falte den Beipackzettel auseinander. Es ist ein verflucht langer Beipackzettel, auf dem schockierend viele Nebenwirkungen aufgelistet sind: Schlafstörungen, Magenkrämpfe, Herzkreislaufstörungen und so weiter und so weiter …

Ich drücke eine der unscheinbaren Tabletten aus der Verpackung in meine leicht zitternde Hand und spüle sie mit meinem kalten Kaffee herunter. Und dann warte ich.

Nach zehn Minuten verengt sich mein Blickfeld. Alle Reize um mich herum verschwimmen und wabern als Flüssigkeit durch mein Blickfeld. Ich befinde mich irgendwo im tiefen blauen Meer, wo alle Geräusche vom dickflüssigen Wasser verschluckt werden. Alleine mit dem Text, den ich seit der Einnahme der Tablette lese und der nun Zeuge meiner Verwandlung wird, sitze ich in einer Taucherglocke, weit unter dem Meeresspiegel. Die Wörter und Sätze erscheinen mir klar und deutlich. Ich sauge sie in mich hinein und stelle fest, dass dies das erste Kapitel ist, das ich ohne Pause bis zum Ende durchlese. Keinen einzigen Satz und nicht einmal einen ganzen Abschnitt muss ich zweimal lesen. Ich überlege nicht, was ich noch einkaufen muss oder ob ich den Zahnarzttermin für nächste Woche in meinem Kalender notiert habe. Ich lobe mich auch nicht dafür, dass ich mir für dieses Jahr einen wirklich schönen Kalender gekauft habe.

Es funktioniert, denke ich glücklich.

Und obwohl es sich bei Ritalin um einen Dopamin-Hemmer handelt, der die ganze Emotionalität und Affektivität zudröhnt und einen so mit der Zeit abstumpfen und nüchtern werden lässt, empfinde ich in diesem Moment die totale Euphorie. Ich bin glücklich und erleichtert über das, was das Zeug mit meinem Kopf macht. Endlich ist Ruhe da oben.

Freudestrahlend rufe ich meine Mutter an und erzähle ihr in einem Rederausch, was bei mir gerade abgeht.

»Schön blöd, Laura«, ist das Einzige, was sie sagt oder vielmehr sagen kann, denn direkt nach meinem Ausruf: »Supergeil!«, lege ich wieder auf, öffne erneut meine Datei und tippe wie wild drauflos.

Ich schreibe wie eine Maschine acht Seiten herunter, ohne auch nur einmal von meinem Laptop aufzuschauen. Mein Nacken schmerzt und meine Hände fühlen sich taub an. Ich muss auf die Toilette und zähle, auf dem Kackstuhl sitzend, die Stangen an meiner Heizung im Bad. Es sind 38 Stück. Mein Mund ist trocken, aber ich habe keinen Durst, Hunger auch nicht. Seit meinem Käsebrot heute Morgen habe ich nichts gegessen. Ich schaue auf die Uhr: Es ist 18:46 Uhr.

Noch ein letztes Mal lese ich mir die acht Seiten durch. Macht alles Sinn, denke ich höchst zufrieden. Ich habe wirklich acht Seiten geschrieben, so viel, wie die letzten zwei Wochen nicht.

So gut, so schlecht.

Mit einem Herz, das mir fast aus der Brust springt, liege ich abends im Bett, hellwach und die Augen weit aufgerissen. Ich fühle mich, als ob ich gerade einen 20-Kilometer-Marathon hinter mir hätte, ohne zu wissen, wie sich ein 20-Kilometer-Marathon überhaupt anfühlt. Leichte Panik überkommt mich – ist das hier der Beginn eines Herzinfarktes?!

Kraftlos schmeiße ich mich in meinen Stuhl und rolle eilig zum Esstisch. Ich reiße den Beipackzettel erneut auseinander. Dem Ritalin sei Dank fixieren meine Augen zielsicher den Abschnitt mit den Nebenwirkungen. Herzrasen, steht da. Ach so. Na dann.

Um 4:35 Uhr, nach vier gefühlten Herzinfarkten, ergibt sich mein Herz der Müdigkeit und totalen Erschöpfung und geht endlich in den Ruhemodus über. Vor Erleichterung heulend, sacke ich in einen dumpfen Tiefschlaf.

Am nächsten Morgen wache ich zerknittert auf. Anscheinend bin ich gestern nicht nur diesen Marathon gelaufen, sondern irgendwer hat mir auch noch mit einem Schlagstock kräftig eins über die Rübe gegeben. Ich stöhne auf und vergrabe mein Gesicht im Kissen. Leidend rufe ich meine Mutter an. Sie wiederholt den Satz von gestern und wir legen auf. Mir geht es so elend wie lange nicht mehr.

Trotzdem, vielleicht hätte ich das alles doch noch verdrängt und in meinem Notizheft unter der Liste »Fehler meines Lebens«, abgehakt. Nach dem Motto: Shit Happens. Weitermachen.

Aber als ich etwas später an meinem Rechner sitze und mir gespannt die acht Seiten von gestern durchlese, wird mir vor Schreck heiß und kalt. Von Wort zu Wort, von Satz zu Satz stürzt meine anfänglich freudige Erwartung jämmerlich winselnd in die Tiefe und landet hart auf einem Gefühl von Enttäuschung und Scham.

Was ich da lese, ist falsch. Nicht inhaltlich oder grammatikalisch falsch. Es ist falsch, weil es sich nicht nach mir, nach Laura, anfühlt.

Ich wollte doch ein Buch schreiben, in dem ich mein Herz ausschütte. Geschichten, die mich traurig und wütend machen, die mich bewegen, mich glücklich machen und mir Hoffnung geben, wollte ich in diesem Buch erzählen. Ich wollte meinen Brustkorb öffnen und dem Leser einen freien Blick auf mein wild pochendes Herz ermöglichen.

Bestürzt starre ich auf die toten Sätze. Was ich gestern völlig zugedröhnt geschrieben habe, ist kein wild pochendes Herz – es ist eine kleine, verschrumpelte Rosine.

Und jetzt?

Überraschend ruhig sitze ich da und starre aus dem Fenster, ohne irgendetwas außerhalb meiner Selbst wahrzunehmen. Es ist fast beruhigend – tiefer kann ich nicht fallen. Ich bin ganz unten angekommen – das hier ist der pure Erwachsenenscheiß.

»Der Weg ist da, wo die Angst ist«, steht auf einer kitschigen Postkarte, die mir eine Freundin letztes Jahr aus ihrem Yoga-Urlaub geschickt hatte und die aus reiner Schlampigkeit immer noch an meinem Kühlschrank hängt. Ich hab' sie in den letzten Monaten unzählige Male angeschaut und mich gefragt, wer eigentlich solche schlimmen Postkarten designt und sich solche schwachsinnigen Sprüche ausdenkt.

Auf einmal bekommen diese Worte eine ganz neue Bedeutung für mich. Ich richte mich auf und drücke meinen Rücken durch – ich habe diesen Vertrag unterschrieben und jetzt werde ich auch liefern.

Ohne die acht Seiten noch eines Blickes zu würdigen, lösche ich den emotionslosen Mist und zücke mein Notizheft. Ich schließe für einen Moment meine Augen und nehme Anlauf.

Ich weiß, dass das Buch schon lange in mir drin ist. Dass ich nur genug Eier in der Hose haben muss, um meiner Angst den Stinkefinger zu zeigen und um mich dann mutig in meine Untiefen zu stürzen. Um endlich den Schatz zu bergen. Ich werde ihn finden, Hier und Jetzt, ohne mich noch mal davonzuschleichen. Ich schreibe mein Buch, das zeigen wird, wie es ist, Laura zu sein.

»Mift!«, fluche ich. Mein Mund ist voll mit Döner. Aus dem Papier, in dem dieses fettige Teil voll mit Gemüse, Salat, Fleisch und Halloumi notdürftig eingewickelt ist, sickert von Bissen zu Bissen immer mehr Joghurtsauce heraus. Die Sauce läuft langsam durch meine Finger an meinen Händen herunter und tropft auf mein Kleid.

»Feiffe!«, rufe ich nervös aus und spucke dabei ein Stück Fleisch in hohem Bogen aus meinem vollen Mund, direkt auf den Asphalt. Gott sei Dank nicht auf die Sneaker, stelle ich erleichtert fest und reibe mit der Serviette hektisch den Saucenfleck von meinem Sommerkleid. Den Rest Döner-Matsch werfe ich in den Mülleimer neben mir. Unentschlossen schaue ich auf meine verschmierten Finger, dann wische ich sie kurzerhand an meinem Kleid ab. Ich bin spät dran. Es ist 18:05 Uhr. Wenn ich pünktlich zum Einlass da sein will, muss ich jetzt wirklich Gas geben. Ich bin aufgeregt. Heute Abend habe ich ein Date mit Hamlet.

Mein zweiter Versuch.

Dank dem Sackgesicht Thorben und meinen Allmachts-Fantasien, unverletzbar zu sein, lag mein Selbstbewusstsein nach dem grausamen Theaterabend vor einigen Wochen als jämmerlicher Trümmerhaufen vor meinen Füßen. Der sofortige Kontaktabbruch zu Thorben war ein hilfloser, aber ehrenwerter Versuch, doch noch, zumindest im Nachhinein, für mich einzustehen.

Aber den Zacken, den ich mir durch mein Verhalten eigenhändig aus meiner Krone gebrochen hatte, konnte ich dadurch nicht wieder kitten. Der war ab. Lebenskratzer.

Nach dem Abend lag ich heulend und verletzt im Bett, bis ich endlich wütend wurde. Extrem wütend, weil Thorben mir nicht nur auf schnodderigste Art und Weise einen Korb gegeben hatte (und ich selbigen dankend annahm, anstatt ihn dem Honk mit Schwung in die Fresse zu hauen), sondern weil ich mir auch den Genuss und Spaß an einem großartigen Theaterstück hatte nehmen lassen.

Der ganze narzisstische Ego-Tripp von Thorben legte einen großen Schatten über dieses Stück, das mir vorher von so vielen empfohlen und ans Herz gelegt worden war. Mehrmals wurde ich von Freunden gefragt, wie denn nun das Stück gewesen sei und ob Lars Eidinger wirklich so geil den Hamlet mimte, wie alle beteuerten.

Ich wusste es nicht. Ich war zu sehr mit dem unverschämten Verhalten des Mannes neben mir beschäftigt gewesen, als dass ich mich von dem grandiosen Schauspiel vom Mann auf der Bühne hätte mitreißen lassen können. Das konnte ich so nicht stehen lassen.

Also entschied ich mich, zwei Fliegen mit einer Klappe zu schlagen: Ich würde mir »Hamlet« noch einmal anschauen, aber alleine. So könnte ich nicht nur was für mein Ego tun, sondern wäre endlich in der Lage, meinen Freunden eine Antwort darauf zu geben, wie mir Lars Eidinger als Hamlet gefiel. Bevor mich der Mut wieder verlassen konnte, griff ich zum Computer und schrieb ihm eine Nachricht über Facebook. Ich fragte ihn, ob es okay wäre, wenn ich mich, trotz ausverkaufter Vorstellung, mit meinem Rollstuhl einfach an den Rand stellen würde, um mir »Hamlet« noch einmal anzuschauen.

»Ich mach dir das klar. Gar kein Problem«, schrieb Lars am selben Abend über Facebook zurück und somit startete ich den besagten Tag damit, mir mein neues schwarzes Sommerkleid überzuziehen, mich ans Handbike zu koppeln und gemütlich die ganze Strecke von Friedrichshain bis nach Charlottenburg zur Schaubühne durch die Sonne zu fahren, mit Zwischen-Stopp am Dönerladen.

Mit vor Aufregung roten Wangen erreiche ich, kurz nach dem ersten Läuten, das Theater und rolle zu meinem Platz, direkt neben der Bühne.

Und dann sitz ich da und vom ersten Moment an zieht mich Lars Eidinger als Hamlet in seinen Bann. Zwei Stunden verfolge ich atemlos, wie sich der durchgeknallte Prinz von Dänemark in feuchter Erde, Milch und jeder Menge Speichel suhlt, wie er rumschreit und im dritten Akt nackt vor mir auf der Bühne steht. Als

Laertes, der verdammt wütend wegen Ophelias Tod ist, Hamlet zum Duell auffordert, krallen sich meine Finger angespannt in mein Kleid. Nur ich weiß, dass nicht nur Laertes' geschärfte Klinge mit Gift getränkt ist, sondern auch der Wein vergiftet wurde, damit Hamlet auch wirklich draufgeht. Nervös beuge ich mich nach vorne – als ich ruckartig aus meinem angespannten Zustand herausgerissen werde.

Plötzlich geht das Licht an und Hamlet stiefelt seelenruhig von der Bühne, direkt auf mich zu, und während er vor meinem Rollstuhl stehen bleibt, verwandelt er sich in Lars Eidinger, der mich freundlich angrinst und mich fragt: »Ja, hey Laura! Schön, dass du kommen konntest. Hat alles gut geklappt mit dem Platz? Gefällt dir das Stück?«

In meinem Rücken spüre ich die irritierten Blicke der Zuschauer in den Reihen hinter mir. Verwirrt, die ersten vielleicht schon eifersüchtig, fragen sie sich, was der Hamlet mit der hübschen blonden Rollstuhlfahrerin da ganz vorne zu schaffen hat.

Ich schaue hoch in diese verschmitzten Augen und werde auf einmal ganz ruhig. »Lars, es ist einfach wunderbar! Ich sitze hier und sauge alles auf. Danke, dass du mir zurückgeschrieben hast.«

Ich lächle und genauso, wie ich jede Sekunde dieser letzten zwei Stunden gierig aufgesogen habe, genieße ich jetzt diesen Moment ungeteilter Aufmerksamkeit.

Ja ja, wir kennen uns, wir kennen uns, schmunzle ich in mich hinein, als mein Blick kurz zur Seite über die vielen Augenpaare huscht, die auf Lars und mich gerichtet sind.

»Hier. Willst du meine Krone haben?«, fragt Lars da plötzlich und hält mir seine mit Erde und Speichel bespritzte Krone hin. »Die brauch' ich jetzt nicht mehr. Ich sterbe ja eh gleich.«

Wortlos und auch etwas atemlos nehme ich die Krone, so würdevoll wie möglich, entgegen. Sie ist schwerer, als ich dachte. Einen kurzen Moment zögere ich, dann setze ich sie mir auf den Kopf. Lars Eidinger grinst mich wissend an, dreht sich um und wird wieder Hamlet. Bereit zu sterben.

Mit klopfendem Herzen schaue ich ihm dabei zu. Stolz und aufrecht sitze ich gekrönt in der ersten Reihe. Das ist mein Moment und jeder soll es sehen. Es ist mir piepegal, ob der hinter mir noch die Bühne sieht oder nicht.

Scheiß' auf Thorben, scheiß' auf meine eigene jämmerliche Rolle bei der ganzen Geschichte – das ist alles Vergangenheit.

Ich bin jetzt die Königin. Mit einer Krone, an der kein einziger Zacken fehlt.

Duschhocker

Im Büro entschuldige ich mich vorab für meine Pupserei. Ich habe einen Blähbauch, weil ich nichts mehr esse.

»Diät?«, fragt mich mein Kollege Jonas.

»Schmetterlinge«, antworte ich. »Mir fliegen Schmetterlinge aus dem Po.«

Meine Mutter meinte einmal zu mir, dass ich ein sehr egoistischer Mensch sei. Das hat mich sehr verletzt, denn wenn jemand egoistisch ist, dann ist er oder sie erst mal ein Arsch. Dachte ich.

Ich bin mit dem unangenehmen Gefühl groß geworden, dass mein Körper fremdbestimmt ist. Wie ein Wanderpokal wurde ich von Arzt zu Arzt weitergereicht. Wie eine Trophäe, die jeder mal mit seinen schmierigen Fingern angrapschen darf, herumgezeigt. Alles, was ich in dieser Zeit zu hören bekam, war, dass mein Körper falsch sei, nicht schnell genug für den Schulsport, nicht schön genug für einen Mann, nicht stark genug für ein eigenes Kind.

Meine Behinderung und all die damit verbundenen gesellschaftlichen und gesetzlichen Nachteile, aber auch die körperliche Einschränkung als solche – das schnellere Erschöpftsein und die Schmerzen –, all das schränkte meine Entscheidungsfreiheit massiv ein.

Wenn man mit so einer extrem negativen Einschätzung seiner Selbst konfrontiert wird, muss man sich irgendwann entscheiden – glaubt man den anderen und fügt sich wie ein Opferlamm in sein Schicksal – oder sagt man der Welt den Kampf an?

Ich entschied mich für die Einzelkämpferin und forderte lautstark den alleinigen Anspruch auf meinen Körper. Von dem Moment an traf ich meine eigenen Entscheidungen und zog knallhart mein Ding durch.

Die Frau eines Mannes zu sein und eine feste Partnerschaft zu haben war dementsprechend nie mein angestrebtes Ziel. In meinen Zukunftsfantasien sah' ich mich immer alleine, egal in welchem Alter. Ich wollte mich in meinem Leben niemals mehr nach jemand anderem richten müssen. Das mochte rücksichtslos und egoistisch auf andere Menschen wirken, aber durch meine Erlebnisse hatte ich noch immer Angst, unterzugehen und nicht gehört zu werden.

Je mehr Lebenserfahrung ich sammelte, desto weniger überzeugt verteidigte ich diese Haltung. Ich verstand immer mehr, dass die Herausforderung darin bestand, eine Balance zu schaffen zwischen meinen Bedürfnissen und deren Erfüllung und zwischen der Rücksichtnahme und Miteinbeziehung meiner Mitmenschen in mein Leben. Die Vorstellung, vielleicht doch einmal die Frau eines Mannes zu werden, fing an, mir zu gefallen.

Ich habe viele Unsicherheiten, die ganz unabhängig von meiner Behinderung einfach da sind. Wie die meisten anderen auch, habe ich Angst davor, verletzt und zurückgewiesen zu werden. Ich habe Angst, mich hinzugeben und schutzlos zu öffnen. Ich möchte nicht am Ende wieder alleine und mit gebrochenem Herzen dastehen.

Mein Körper ist mir lieb und heilig und natürlich schwebt immer, wirklich immer, wenn ich neuen Männern begegne, die Angst mit, dass ich durch die erste Musterung durchrassle, dass man mich nicht »gut genug« findet, dass mein Körper als »ungenügend« eingestuft wird.

Und immer dann, wenn mich vorverurteilende Blicke abweisen und nicht mehr als Individuum, geschweige denn als Frau erkennen, ist die heimliche Angst da, dass diese Lüge doch als Wahrheit enttarnt wird und ich tatsächlich weniger wert bin als andere. Dass ich mangelhaft bin.

Es ist ein Drahtseilakt, mich einerseits vor dem Abgewiesenwerden schützen zu wollen und andererseits dem euphorischen Gefühl, sich mit Haut und Haar auf jemanden einzulassen und dabei auf warme Gegenliebe zu stoßen, nachzugeben.

Vor einiger Zeit hat es an meiner Tür geklingelt und ich habe sie geöffnet. Seitdem befinde ich mich in einer rosa getufften Blase. Termine, Arbeit und andere Verpflichtungen rasen in einer Parallelwelt an mir vorbei. Ich bewege mich wie in Zeitlupe, gehe auf Watte und alles scheint mich zu überholen. Ich esse kaum und schlafe wenig.

»Du verwirrst mich«, sagt er.

»Warum?«, frage ich.

»Weil ich es unheimlich finde, wie schnell sich gerade alles so gut anfühlt.«

Ich finde es unheimlich, dass ich es nicht unheimlich finde. Keine Verwirrung, keine Panik und keine Zweifel. Nur Ruhe, Glück und Vertrauen auf das Gute. Mein Herz hat eine Entscheidung getroffen.

»Genießen. Weitermachen«, sage ich zu ihm.

Das ganze Wochenende lungern wir rum. Die Fuß- und Rollwege beschränken sich auf die Wegstrecken Bett-Klo, Klo-Bett. Mit Zwischenstopp am Kühlschrank. Es ist heiß und die Terrassentür ist Tag und Nacht auf. Ich schlafe in seinen Armen und auf seinem Bauch, meine Beine in seine verknotet.

Seit drei Tagen habe ich nicht geduscht. Ich stinke, meine Haut schmeckt salzig und meine Haare sind strähnig vor Fett. Er geht duschen, ich frühstücke. Er packt sein Zeug und verabschiedet sich, küsst meinen ungewaschenen Mund, meine Stirn, dann noch mal meinen Mund.

Die Tür ist zu und ich beschalle meine Wohnung mit der großen Celine Dion. Ich rolle ins Bad, wo ich mir den Schmutz und Knös aus den Ohren hole. Meine Munddusche ballert mir die Frühstücksreste ins Waschbecken. Mit schmerzverzerrtem Gesicht ziehe ich das Haargummi aus dem Filz und muss kurz überlegen, wie ich es nach dem Duschen wieder in meine Haare bekomme. Seit Monaten habe ich mir kein Haargummi mehr alleine in die Haare gebunden. »Der Mann«, wie ich ihn nenne, macht meine Frisuren: Schnecken, Blogger-Dutt, Gute-Nacht-Dutt.

Die Bürste kämpft sich durch meine verknoteten Haare, bevor ich routiniert ein Handtuch in den Rollstuhl schmeiße. Von der Toilette schwinge ich mich nackt hinterher, parke neben dem Duschhocker und rutsche auf ihn herüber.

Das Wasser platscht auf den Fliesenboden. Shampoo und braune Suppe laufen zwischen meinen Zehen in Richtung Abfluss. Laut singe ich zu »You make me feel like a natural woman« und bücke mich dabei runter zur Duschlotion.

Im selben Moment höre ich ein lautes Knacken und fühle, wie der Hocker mit einem kräftigen Ruck aus der Verankerung bricht. Wie ein Walross kippe ich zur Seite, hau' mit der Schläfe an die weißen Kacheln, knicke mit dem Fuß um und liege quer auf dem Duschboden. Wasser donnert von oben auf meinen Kopf.

Ich lache, ich weine, ich lache wieder. Und bin verzweifelt. Meine Tränen haben keine Chance, sie werden vom Wasser sofort weggespült. Mit zusammengekniffenen Augen versuche ich, durch das auf mich herunterrauschende Wasser, nach oben auf den Wasserhahn zu schauen und stelle ernüchtert fest, dass ich ihn vom Boden aus nicht erreichen kann. Das gute, wertvolle Wasser, denke ich. Mühsam robbe ich aus dem Nass auf mein Handtuch ins Trockene. Mein Knöchel tut sauweh und bestürzt kapiere ich, dass ich aus eigener Kraft nicht mehr zurück in meinen Rollstuhl komme. Ich brauche Hilfe.

Ohne zu zögern, greife ich zum Handy, das neben mir im Rollstuhl liegt und rufe den Mann an: »Sag mal, wo bist du gerade?«

»Was ist passiert?!«

»Der Duschhocker ist zusammengebrochen. Ich bin nass und nackt und komm' nicht mehr hoch.«

»Hört sich geil an. Bin in fünf Minuten da.«

Es sind diese fünf Minuten, in denen sich der sprudelnde Wasserstrahl und die Dion in ihrer Lautstärke ein Kopf-an-Kopf-Rennen liefern und ich dazwischen auf dem Boden hocke, nackt und nass und mit Gänsehaut. Hier, in dieser Situation, empfinde ich so viel Stolz und Würde, wie ich es niemals im angezogenen und aufrecht im Rollstuhl sitzenden Zustand empfinden könnte.

In wenigen Minuten werde ich von dem Mann aufgehoben und gerettet. Mein Mann, bei dem ich mich fallen lassen kann – auch nackt und nass auf einen kalten Duschboden. Scham hat zwischen uns keinen Platz. Ich fühle mich stark, weil ich bei ihm ohne jegliche Hemmung schwach sein kann. Weil ich es geschafft habe, über meine Ängste hinweg meinen Panzer zu öffnen und einen anderen Menschen hereinzulassen, in mein Herz, in meine Seele. Ein verdammt gutes Gefühl.

»Sag' mal – findest du mich egoistisch?«, frage ich ihn, als er mich aus der Dusche hebt und zurück in meinen Rollstuhl setzt.

»Aber so was von«, sagt er grinsend und drückt mir einen Kuss auf meinen nassen Mund.

»Du musst auch mal vor die Tür gehen! Von selbst klingelt dein Traummann nicht an deiner Tür!«, meinte meine Mama einmal zu mir, als ich mir sicher war, kein Mensch auf der Welt würde mich jemals verstehen.

Er hat geklingelt.

Danke Mama, dass du manchmal nicht recht hast.

Danke

Mama, du bist die Heldin in diesem Buch und in meinem Leben. Gut, dass du mich einfach hast machen lassen. Dein Vertrauen in mich hat mich unendlich stark gemacht. Du hast mich zu der Frau gemacht, die ich heute bin. Und ich mag mich so. Danke.

Papa, danke, dass du mich in all meinen Ideen immer unterstützt hast, mir als Kind die Welt erklärtest. Ich weiß, dass ich ohne dich niemals da wäre, wo ich heute bin.

Danke Tobias – mein Stiefpapa –, dass du mich als 11-jährige als deine Tochter annahmst. Ich weiß, ich war ätzend und ich habe es dir nicht immer leicht gemacht. Danke, dass du mir mit meiner Mama einen tollen zweiten Bruder geschenkt hast.

Und zu dem komm ich jetzt: Richard, du bist Gold für mich. Für uns alle. Du bist mein Seelenheil. Danke, dass du mich so sehr zum Lachen bringst und mich immer dann verstehst, wenn ich denke, dass andere es nicht tun. Du bist mein Bruder und mein enger Freund. Ich liebe dich.

Julian, durch dich weiß ich, wie sich bedingungslose Liebe anfühlt – sie ist groß und stark und füllt alle dunklen Ecken mit hellem Licht. Du bist meine Aufladestation, wenn es mir nicht gut geht. Ich hasse es, dass du zu den vergessenen Menschen in dieser Gesellschaft gehörst. Ich werde da für dich kämpfen, wo du es nicht kannst. Immer.

Ich möchte meiner Tante Biggi danken, die mich immer ermutigt -und fast schon gezwungen hat, meine Geschichten in ein Buch zu packen. Hier ist es, »HeadAunti«, und es ist auch für dich.

Danke an meine unglaublich starke und ekelhaft lustige Familie. Mit euch fühle ich mich unbesiegbar und geliebt. Mögen wir noch unendlich viele Weihnachtsfeiern zusammen verbringen (ihr wisst, was ich meine. Hihi).

Danke Jan. Du bist mein tiefer Freund. Ich kenne niemanden, der so sehr zu mir hält und bei dem ich schwach sein kann, ohne mich klein zu fühlen. Ich hoffe, ich konnte dir schon ansatzweise der Freund sein, der du für mich über all die »Millionen« Jahre immer gewesen bist.

Danke mein geliebter HJT für deinen so starken Glauben in all meine Talente. Du hast mich aufwachsen sehen und das ist ein gutes Gefühl. Unser letztes Telefonat hat sich tief in meine Seele eingepflanzt. Wir sehen uns im Himmel wieder.

Danke Vero für dein Mutmachen und den starken Glauben an mich in meinen schwächsten Momenten.

Ohne dich wäre das alles nur Rotz gewesen. Bleib so sensibel und einfühlsam und unerschütterlich. Du warst mein standhafter Felsen in dieser stürmischen Zeit.

Mein bester Raúl, wie geil war dieser Tag im Park, als wir uns mit unseren Herzen und Träumen kennenlernten. Danke, dass du mich seither begleitest. Du machst mich stark und mutig.

Und schließlich durfte ich durch dich die coolste Gang unter der Sonne kennenlernen und mit ihr zusammenarbeiten. Ihr Helden, danke für eure tatkräftige Unterstützung. Ganz besonders möchte ich Lili, meiner Lilifee, danken für den emotionalen Startschuss für »Frau Gehlhaar«. Ich werde diesen Tag der Entscheidung niemals vergessen.

Danke Andi für deine großartige Unterstützung bei all meinen Ideen. Ich bin froh, dich als Fotograf und vor allem als Freund an meiner Seite zu haben.

So viel Dank gebührt auch meinem Verlag, der so fest an mich geglaubt hat und mir so viel Freiheit zusprach. Ich habe mich sehr wohlgefühlt bei euch. Danke Maren für die Entdeckung im Internet und danke Frau »Gele« für die tolle Unterstützung und die wohltuenden Gespräche über Literatur und Katzen.

Und danke an die vielen anderen, die an mich und dieses Projekt geglaubt haben. Ich weiß, ihr brauchtet starke Nerven. Und jetzt Alkohol.

Verworfene Buchtitel

- Halten Sie mich auf dem Laufenden – Report jenseits der Inklusion
- Geht doch! Ich bleibe noch ein bisschen hier sitzen
- Was geht – und wer nicht
- Einmal mit Joschka Fischer joggen gehen – Die unerfüllten Träume der Laura G.
- Deutsch und dennoch abgeschoben
- Nur wer mich herumschubst, darf auch hinter meinem Rücken reden
- Dem Tod nicht von der Schippe springen können – Wie ich unsterblich wurde
- Über Brücken, statt auf Krücken – Der Inklusion die Hände reichen
- Zwischen den Stühlen – vom Rollstuhl auf den Kackstuhl
- Der Behindibonus – Warum Sie dieses Buch gekauft haben
- Das ist der Gipfel – Höhepunkte aus dem Rolli-Alltag
- Abitur für Sitzenbleiber – eine Anleitung
- Celine Dion Fan und trotzdem voller Lebensfreude
- Die Reise nach Jerusalem – Wie ich unbesiegbar wurde